Ⓢ新潮新書

波多野澄雄　戸部良一
HATANO Sumio　TOBE Ryoichi
松元 崇　庄司潤一郎　川島 真
MATSUMOTO Takashi　SYOJI Junichiro　KAWASHIMA Shin

決定版
日中戦争

788

新潮社

はじめに　日中歴史共同研究から一〇年

両国政府の支援による「日中歴史共同研究」の終了からまもなく一〇年になる。二〇〇六年秋の胡錦濤国家主席と安倍晋三首相との合意に基づき、同年一二月から開始された共同研究は、〇九年末に最終会合を終え、翌年に報告書を一部公表して幕を閉じた。

共同研究の目的は、「歴史の共有」よりも、「相互理解の増進」をめざすものとされ、対象範囲は「日中二千年余りの交流に関する歴史、近代の不幸な歴史及び戦後六〇年の日中関係の発展」と長く設定された。つまり、日中が軍事衝突した昭和期の「不幸な歴史」のみに焦点を合わせるのではなく、二千年を超える交流の歴史を冷静に見つめなおすことによって、東アジアにおける両国の分ち難い関係を確認することが重要な目標とされた。

とはいえ、共同研究が始まると「不幸な歴史」の時代、具体的には満洲事変から終戦までの描き方に内外の注目が集まり、実際の共同研究においても最も活発に議論され、時間を費やすことになった。報告書の公表後も、「不幸な歴史」の記述内容をめぐって内外で様々な議論が続くことになった。そうしたなかで、本書の執筆者である三人（波多野澄雄、戸部良一、庄司潤一郎）は、ちょうど「不幸な歴史」の時代の日本側執筆者であったことから、ときどき意見交換をする機会があった。

個人的な印象では、ここ三〇年ほどの間に中国における日中戦争研究は、大きく変化している。テーマ設定の広がりと多様化（政策選択の可能性への言及、国家建設や抗日戦争における国民党の役割に対する積極的な評価、人物評価の多様性）、第三国における研究への配慮などである。したがって、個々の歴史事象に関する事実認定や評価について、日本側と共有できる部分が格段に広がっている。そのことは共同研究でも確認できた。

また、歴史解釈や歴史認識の方法や理解の仕方がどのように異なっているのか、そうした相違は何に由来するのか、共有できる部分は何か、といった問題について、それらの背景にある中国側の考え方や国民感情など、文献からは窺い知れない生きた感触を、直接対話を通じて得られたことも確かである。

しかしながら、総じて日本による侵略的意図の一貫性・計画性、責任問題に帰着する叙述方法は、多様な局面、多様な選択肢・可能性を重視する日本の叙述方法と基本的に「非対称」である。日本による「侵略」と中国人民の「抵抗」という基本的な枠組みは変わっていない、ということである。

第二次世界大戦における日中戦争（抗日戦争）の位置づけについても、太平洋戦争の勃発によって中国は、世界大の「反ファシズム統一戦線」の重要局面である中国戦線を一手に担い、日本軍を消耗させたがゆえに、連合国の「世界反ファシズム戦争」の勝利も実現した、という第二次大戦像は動かし難いことを確認することにもなった。中国以外の連合国が抗日戦争の勝利に貢献したという側面が入る余地は少ないのである。以上のような傾向は、現在の習近平政権になって、さらに強まりつつある。

こうした「抗日戦争史観」を批判することは容易い。しかし、学術的な立場を離れて国の成り立ちといった観点からみれば、中国人民が日本の「侵略」に抗して「抵抗」を貫いたからこそ、現在の国家の基盤が築かれ、国民統合が進んだという歴史観は動かし難いのである。現在の国の成り立ちと歴史観・歴史研究は切り離すことができないともいえる。日本の研究者は「結果」よりもプロセスを重んずる傾向があるが、中国の研究者は「結果」から出発し、その過程を軽視する傾向がある、と指摘されるのはそのためである。

共同研究が終わりに近づくにつれ、個々の論文がいかに精緻な議論を展開したとしても、日本が侵略戦争の加害者であり中国が被害者である、という基本的な視点が読み取れない場合には中国側は公表をはばかるであろう、と感じさせる場面が多かった。報告書の内容がほぼ固まってからは、もはや学術的議論の段階を超え、ひろく国民教育、歴史教育の教材としての是非を政治的に判断する段階にあったと考えられる。実際、戦後史の部分は公開されなかった。

日本側委員は、政府や学界を代表して参加したわけではなく、それまでの研究成果を踏まえながら一研究者としての見解を報告書に記したに過ぎない。その意味では自由な個人研究の成果ではあった。しかし、こと日中戦争期については、中国側の要望もあり、実質的に日中の「二国間外交・軍事関係史」に限定して議論が進められた。当初は、国際関係や経済の動向、国内政治との連関といった広い視点の重要性も指摘されたが、これらは今回の共同研究には生かされなかった。

こうした反省も一つのきっかけとなって前記の三人は、数年前から共同研究の成果を踏まえつつ、取り残された問題や新しい研究動向について少しずつ勉強会を重ねてきた。その際、戦争の時代を中心に、近代の日中関係を多角的な観点から見直すため、中国史の川島真氏（東京大学）と財政史の松元崇氏（元内閣府事務次官、現国家公務員共済組合連合会理事長）にも加わってもらった。川島氏は日中歴史共同研究の日本側委員でもあった。お二人の参加によって、議論の幅は格段に広がった。

当初、この勉強会はその成果を刊行する予定ではなかったが、二〇一八年二月、日本国際問題研究所主催のシンポジウム「日中戦争史セミナー」において、五名が発表する機会があり、これがきっかけとなって、それぞれが取り組んでいるテーマの中からいくつか選び、読みやすい形で刊行することにした。

勉強会は今も続いている。すでに二〇を超えるテーマを取り上げ、議論を重ねてきた。本書はその中のほんの一部に過ぎない。

日中戦争は近代日本の対外戦争のなかでは最も長く、広い意味での犠牲者は日米戦争を凌駕する。その甚大な影響は日中両国にとどまらなかった。しかし、日米戦争に比べ、日中戦争は日本人の記憶から遠ざかってしまった。

「明治一五〇年」の歴史は、隣国中国と安定した関係を築けなかった歴史でもある。この状態は今も続いている。このことを念頭に本書を味読していただければ幸いである。

なお、日本国際問題研究所主催の上記シンポジウムにおいて、討論者をお引き受けいただき、中国史の観点から有益なコメントを頂戴した岩谷將氏（北海道大学）に、御礼を申し上げておきたい。

二〇一八年一〇月

著者を代表して　波多野澄雄

決定版　日中戦争——目次

執筆分担

戸部良一　第一章、第二章
庄司潤一郎　第三章、第五章
川島真　第四章、第六章、第九章
松元崇　第七章
波多野澄雄　第八章、第一〇章

1928年の中国東部行政図

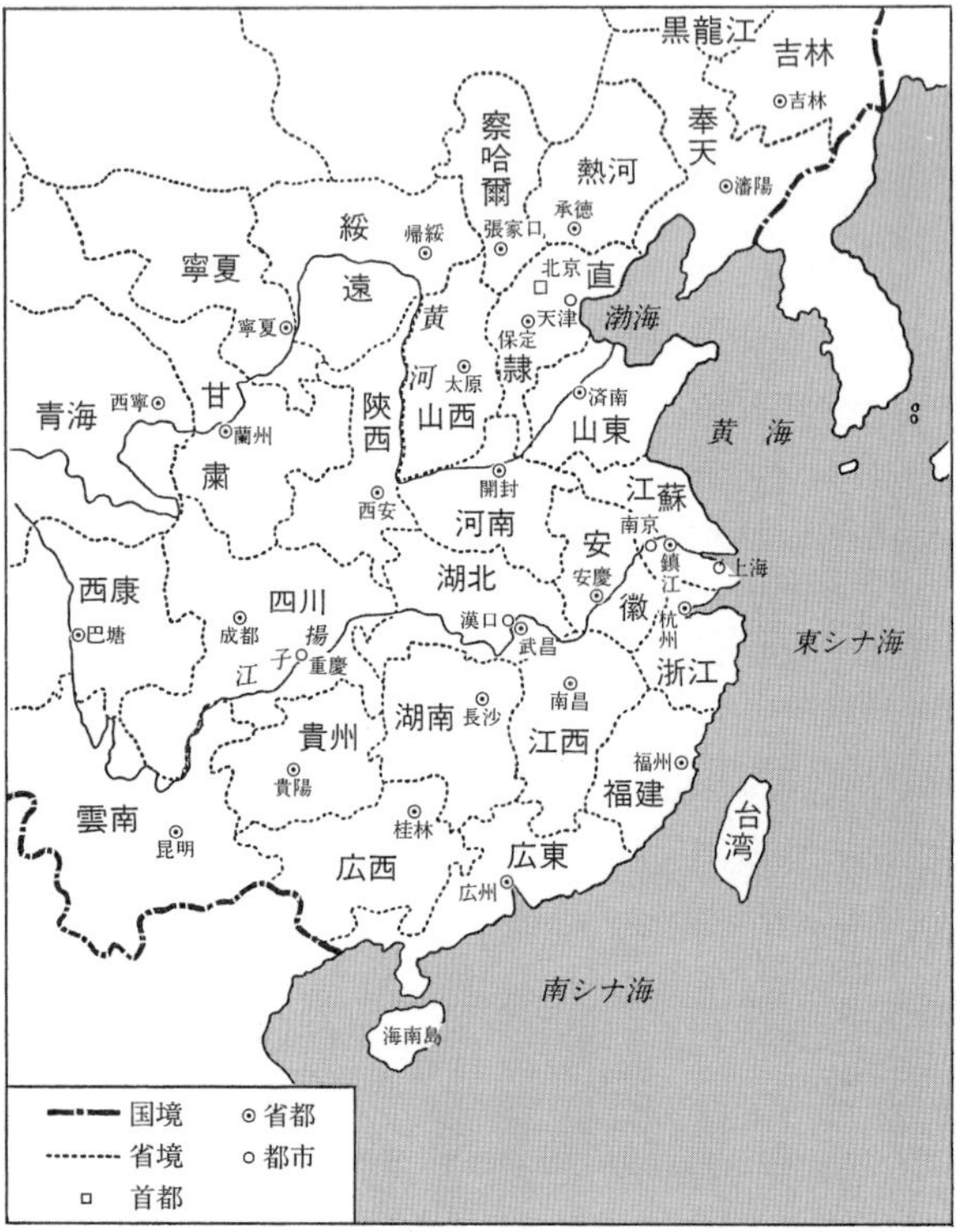

出典：ジェローム・チェン『軍紳政権―軍閥支配下の中国』（岩波書店、1984年）

第一部　戦争の発起と展開

第一章　日中戦争への道程

張作霖爆殺

昭和戦前期の日本の進路を誤らせた最初の重大事件は、関東軍の一部将校の謀略によって引き起こされた満洲事変である。ただし、その三年ほど前に同様の事件が起こっている。一九二八年六月の張作霖爆殺事件である。当時は満洲某重大事件と呼ばれた。

張作霖を爆殺した首謀者は関東軍高級参謀の河本大作であったが、彼の単独「犯行」というよりも、関東軍司令部の組織ぐるみの「犯行」であった疑いが濃い。関東軍では、満洲における日本の権益を無視し排日行為を黙認しがちとなった張作霖を排除すべきだとの主張が強くなっていた。当時、張作霖は中華民国陸海軍大元帥を称して北京に君臨していたが、蔣介石率いる国民革命軍（北伐軍）との戦いに敗れ、権力基盤である根拠地の満洲に引き揚げようとした。

関東軍は、張作霖が部隊を引き連れて満洲に入ったところを武装解除し、彼の政治的失脚を図ろうとした。武装解除については、日本政府も了承していたはずだと関東軍は考えていたが、首相の田中義一はこれまでどおり張作霖への援助を通じて在満権益の維持・増進をめざしており、武装解除のため関東軍が動くことにゴーサインを出さなかった。このため関東軍では、張作霖を物理的に排除するという謀略案が浮上し、これを河本が実行にまで持って行ったのである。

しかし、満洲の東三省政権は関東軍の挑発に乗らず、やがて事態は沈静化した。張作霖の部下たちが復讐戦に出てきたところを武力で制圧し、満洲に対するコントロールを強めようとした関東軍のねらいは達成されなかった。

張作霖爆殺は、中国の要人殺害にほかならない。しかし、それを犯した河本の行為は罰せられなかった。爆殺事件の犯人は国民革命軍の便衣兵（一般市民の服装をした兵士）であると偽装され、河本ら関東軍の首脳は、警備監督不行届きで行政処分を受け、予備役に編入されただけであった。国益のため、と目的が正当化されれば、不法行為でも許容されるという悪しき前例がつくられてしまった。

石原莞爾の構想

その後、満洲では張作霖の長男、張学良が実権を握ったが、排日行為は収まらなかった。そのうえ張学良は一九二八年一二月、易幟《えきし》に踏み切り、満洲を形式的にではあるにせよ国民政府の統治下に入れた。

日本では、陸軍少壮将校の間で、満洲に対する強硬論が出てくる。たとえば、国家改造をめざす彼らの研究グループ、木曜会では、日本の自存のために満洲に完全な政治的権力を確立することが必要であり、完全な政治的権力とは日本が満洲を取ることを意味する、という意見が表明されたという。

一九三一年六月、陸軍省部（陸軍省と参謀本部）の主要五課長は、それまで協議してきた満洲問題解決の方針を以下のように取りまとめた。満洲での排日を緩和させることについては、外務省と緊密に協力して進めてゆくと同時に、関東軍の行動を慎重にさせるよう努める。しかし、排日が増大すれば、軍事行動を発動させることもやむを得ない場合に立ち至るだろう。軍事行動によって満洲問題を解決するためには、内外の理解を得ることが絶対に必要である。そのためマス・メディアを通じて満洲の実情を内外に理解させせなければならない。内外の理解を得るためにはおおむね一年を必要とし、その間は隠忍自重して、排日行動から生じる紛争に巻き込まれないようにし、万一紛争が生じた場合は、拡大しないように努力する。

このように、陸軍中堅層では、満洲での武力行使が必要となる事態を予想しながら、一年間は内外の理解を得るために努力することを方針としつつあった。

一方、関東軍では、作戦主任参謀の石原莞爾が次のような構想を同僚たちに提示していた。満洲問題を解決する唯一の方策は、これを日本の領土とすることである。そのためには国家が正々堂々と実行すべきだが、それが無理であれば、軍部が主導して謀略によって機会をつくり出し国家をリードすることも困難ではなく、チャンスがあれば関東軍が主導してもよい。満洲の軍閥政権を打倒して、在満民衆の幸福と発展を図るのは日本人の使命である。

石原はこのように、謀略によって武力発動の機会をつくり出し、満洲の領有を目的として行動を起こそうとした。それは、陸軍省部の中堅層の考えとは、微妙に食い違っていた。

満洲事変の拡大

満洲事変は一九三一年九月一八日夜、奉天郊外の柳条湖で満鉄の線路が爆破されたことに始まる。張作霖爆殺事件に比べれば爆破の程度は軽微だったが、関東軍はこれを中国軍の仕業として一気に奉天を制圧した。爆殺だけで終わってしまった三年前の轍を踏まなかったのである。謀略によって柳条湖事件を引き起こしたのは、石原莞爾と板垣征四郎（高級参謀、河本の後任）である。板垣は奉天制圧を指揮し、石原は旅順の軍司令部で武力発動を躊躇する軍司令官を説き伏せた。関東軍は軍司令部を旅順から奉天に進出させ、満鉄沿線の要地を占領したうえ、居留民保護を名目として吉林にも進出し、そのため手薄となった南満洲の防備を理由に朝鮮軍に援助を要請した。

日本政府（若槻礼次郎内閣）は事態不拡大の方針を決め、陸軍から要請された朝鮮軍の越境（満洲進出）を認めなかった。しかし、以前から関東軍への援軍派遣に同意していた朝鮮軍は、天皇の裁可を得ずに独断で国境を越えた。若槻内閣はこれを追認せざるを得なかった。天皇の裁可を得ない独断越境は、本来、軍法違反であったが、柳条湖事件の謀略と同様、有耶無耶に済まされてしまった。

陸相や参謀総長は当初、政府の不拡大方針に従おうとした。しかし、中堅層は関東軍による事態拡大を容認し支持する方向に動いた。上述したように、在満権益に重大な侵害が加えられた場合には武力を発動する、というコンセンサスが成立していたからである。彼らの構想からすれば、柳条湖事件の発生はやや早すぎたが、関東軍が武力行使に踏み切った以上、それをバック・アップするのは当然と考えられた。

独立国家案

武力を発動した後、満洲をどうするのか。実はこれについて陸軍内にはコンセンサスはなかったのである。満洲事変以前の参謀本部の情勢判断では、張学良政権に代わる親日地方独立政権の樹立、独立国家の樹立、日本による領有、の三案が検討されていた。石原は領有案であった。しかし、関東軍の武力発動に対する国内の支持の多くは、自衛もしくは権益擁護という理由に基づいていた。陸軍でも、一部の急進分子を除けば、期待されたのは中国の主権の下で新しい親日地方政権を樹立することであった。石原らは領有案に対する抵抗が強いことを知り、ねらいを領有から独立国家樹立に軌道修正することになる。

なぜ独立政権ではなくて、独立国家を樹立しなければならないのか。この点について、関東軍法律顧問の松木俠は石原らの諮問に対して次のように答えている。満洲を中国の一部とする以上、重要事項を含む条約を地方政権と結ぶことはできない。条約を結ぶことができないからには、独立政権であっても、日本の意のままに動かすことは不可能である。事実上、独立していた張学良政権は、既存の条約すら蹂躙した。しかも独立政権なるものは必ず軍閥化する。

このような松木の論理をもって関東軍は事変を拡大してゆく。陸軍中央はソ連を刺激することを懸念して、関東軍の北満進出を抑えたが、関東軍は一一月要衝チチハルを占領し翌年二月にはハルビンを攻略した。ソ連に対する戦略的優位を得るためだけでなく、満洲全土を統治下に置く新国家を樹立するために北満進出が必要だったからである。さらに関東軍は政府から満洲の内政に関与することを禁じられたにもかかわらず、各地で地方政権の独立を背後で画策した。廃帝溥儀を新国家の首班に予定し、天津から満洲に連れ出した。

犬養首相の和平工作

独立国家樹立は、しかし、まだ国策として確定した方針ではなかったのである。一九三一年一二月の政変でそれまでの民政党内閣から政友会内閣に政権が交代した。首相の犬養毅は、内閣発足のわずか二日後に旧知の萱野長知を呼んで、事変解決のため中国側と非公式交渉を進めるよう要請した。萱野と犬養は共に、辛亥革命以前から中国の革命に共感を寄せ、孫文などの革命家を援助してきた。したがって中国の要人の間に知己が多く、信用も厚かった。

同月下旬、上海に到着した萱野の交渉相手となったのは、蔣介石に批判的だった居正である。当時、中国には、蔣介石に対抗して広東にも国民政府が樹立されていたが、満洲事変によって南京と広東との合流が進み、一九三二年一月に南京に成立した合作政権では、蔣介石が下野し、孫文の長男で広東派の孫科が行政院長（首相）となった。

その政権交代の途中で萱野は南京に赴き孫科とも直接会見して、事変解決案を協議した。その結果、合意に達した了解とは、萱野によれば次のようなものであった。中国は、居正を委員長とする東北政務委員会を組織し、これが全権を持って一切の懸案を現地で日本と交渉し処理する。張学良を適当に処置する（失脚させる）。居正の委員長任命あるいは満洲に向けての出発と同時に、日中両軍は軍事行動を停止する。

要するに、張学良の満洲復帰の道を閉ざし、国民政府が設置する東北政務委員会が全権を帯びて日本と現地交渉を行い事変の解決に当たる、というのがこの合意の主旨であった。事変勃発以来、中国政府は日本側からの直接交渉の呼びかけを一貫して拒否してきたが、広東派が国民政府の実権を握るに及んで、中国政府は日本との直接交渉に応じようとしたのである。

犬養は、満洲における中国の主権を認めたうえで自治政権をつくり、国民政府に排日行為の完全禁止を確約させ、さらに以前から懸案であった日本人の土地商租権や居住・営業の自由を認めさせ、日中対等の立場で共同して満洲の開発に当たる、という解決構想を持っていたという。もし事変が在満権益の侵害に対する正当防衛だけであったならば、犬養構想は、事変解決案として十分な内容を持っていたといえるだろう。

犬養構想の挫折

しかしながら、萱野の工作は日本政府と軍部の厳しい反対にあう。犬養内閣には、書記官長の森恪をはじめとして、強硬論者が多かった。国民党ないし国民政府の勢力を満洲に進出させることには特に反対が強かった。その反対を受けて犬養は萱野に帰国を命じざるを得なくなる。しかも、一月下旬、中国では広東派が失脚し孫科政権は一カ月足らずで崩壊してしまう。政権に復帰した蔣介石はかねてから日中直接交渉による事変解決に反対であった。こうして、犬養と萱野の試みは挫折し歴史の片隅に追いやられる。

その間、満洲では独立準備が着々と進行し、ついに三月一日には溥儀を元首（執政）とする満洲国の建国が宣言された。国際連盟の調査団（リットン調査団）が現地入りする前に、既成事実がつくられた。陸軍中央も、現地の事態の急展開に押されて、独立国家容認に傾いていた。

だが、日本政府が直ちに独立国家としての満洲国を認めたわけではない。犬養首相は、独立国家を樹立すれば必ず九カ国条約と正面衝突を来すので、独立政権にとどめるべきだと考えていた。満洲国建国宣言から一〇日あまり後の閣議決定でも、満洲は中国国民政府から分離独立した政権の統治支配地域となった現状に鑑み、徐々に国家としての実質をそなえるよう誘導する、という方針が決められた。現状はまだ独立政権段階と見なされ、当面は国家承認を行わないと決定されたのである。

犬養内閣は、満洲現地勢力による独立政権までは認めても、独立国家には消極的で、建国以後でさえ、その国家承認には最後までゴーサインを出さなかった。

事態が大きく動き出すのは、犬養が五・一五事件で暗殺されてからである。満洲国承認については、政府よりも議会やマス・メディアのほうが積極的であった。六月、衆議院は満場一致で満洲国承認決議案を可決した。犬養内閣に代わる斎藤実内閣の外相、内田康哉は、八月、議会での答弁で、日本は国を焦土にしても主張を貫くと述べ、満洲国承認を強く示唆した。そして九月一五日、日本は日満議定書を調印して満洲国を正式に承認した。リットン調査団が現地調査を終え北京で報告書を作成した直後であり、それが公表される前であった。つまり、日本は国際連盟がどのような解決案を提示しようとも、それには左右されないとの態度を表明したのである。

リットン報告書

それから二週間あまり経った一〇月二日、リットン報告書が公表される。報告書は、柳条湖事件後の関東軍の行動を自衛の範囲内にあるものとは認めなかった。また、満洲国が住民の自発的な独立運動によって生まれたものと認定せず、民族自決の原則で満洲国を正当化しようとする主張を否定した。

ただし報告書は、事変前への原状回復が望ましいとも論じなかった。つまり張学良政権の復帰も否定していたのである。具体的な解決案としては、満洲に中国の主権の下で広汎な権限を持つ自治政府を設置すること、満洲の治安は特別警察隊が維持し、日本軍、中国軍を含むあらゆる軍隊は撤退して非武装化すること、などが提案された。

報告書は、中国の主権と領土保全という普遍的な原則を前提としながら、軍閥を排し、満洲における日本の権益と歴史的な関わりなど、特殊な地域事情にも配慮した妥当な解決構想であった。しかし、もはや日本ではほとんど見向きもされなかったのである。日本は独立国家・満洲国の承認をすべてに優先させ、それ以外の事変解決の代案には目を向けなくなっていた。

満洲事変は歴史の分岐点であった。だが、関東軍一部将校による謀略に始まる事変拡大の過程で、すべてが後戻りできなくなったわけではない。事変解決の方法として、満洲国建国以外の方式もあり得たはずである。しかし、結果から見れば、日本は独立国家以外の可能性を選択しなかった。

不抵抗方針

満洲事変はほぼ石原らのプランどおりに進行した。軍事的には、中国側が武力抵抗しなかったことが、それを可能にした主な理由である。事変勃発時に北平（北京）にいた張学良は一〇万の兵を擁し、満洲にも二〇万を超える東北軍があったが、関東軍の兵力は一万余に過ぎなかった。しかし張学良は、日本側を刺激しないよう命じる蔣介石の指示を受け、奉天の部下に日本との衝突を避けるよう命じた。

中国側が不抵抗方針をとったのは、当初、日本政府による関東軍の統制に期待をかけたからである。さらに、この年の夏には長江一帯に大水害が発生し、伝染病が蔓延していた。共産勢力と軍事的に対峙する蔣介石政権（国民政府）に武力で日本に抵抗する余裕はなかった。日本政府の統制に対する期待を失った後、中国は日本の行動を抑制するため、二つの方法を実行する。排日ボイコットと国際連盟への提訴である。しかしボイコットによって関東軍の行動を抑制することはできなかった。

国際連盟も中国の期待どおりには動かなかった。英仏等の大国は、日本の行動が権益擁護の自衛行動と見なされる限り、日本の立場に配慮を示した。連盟の常任理事国としてそれまで国際秩序の維持に協力してきた日本への信頼もあった。しかし、関東軍の暴走は、連盟の対日配慮を無にしてしまう。権益擁護のための自衛行動という日本の主張は説得力を失い、連盟の対日不信が強まってゆく。リットン調査団の現地派遣は、公平な現地調査に基づいて連盟の最終的な判断を下そうとする試みであったが、日本はこの連盟の苦肉の試みを無視したのであった。

国際連盟脱退

国際連盟での日本の立場は一九三二年一月に始まった上海事変によって悪化した。列国の関心を満洲からそらすことを求めた関東軍の要請に応じて、上海駐在の陸軍軍人が謀略によって在留日本人と中国人との間に衝突事件を引き起こした。これがきっかけとなって不穏な空気が高まり、ついに上海に駐屯する海軍特別陸戦隊と中国軍とが衝突したのである。

日本は居留民保護のため陸軍を派遣する。苦戦のためもあって派遣兵力は三個師団に達した。日本は満洲事変と上海事変とを別個のものとし、上海事変は居留民保護と租界の安全のためであると主張したが、中国は上海事変も満洲事変と一体の日本の侵略であると非難した。ジュネーヴの国際連盟では、英仏等の大国を対日妥協的であると批判して小国が主導権を握り、中国の主張に同調的となった。

上海ではイギリスの仲介により停戦交渉が始まり、五月には停戦協定が調印された。だが、日本では中国の言い分を受け容れ日本の主張に理解を示さない連盟への不満が募ってゆく。一方、連盟の対日批判は、一九三三年二月に始まった熱河作戦によって、さらに高まる。

その頃国際連盟はリットン報告書に基づく事変解決勧告案を審議中であった。熱河作戦は、日本の侵略再開と見なされ、対日非難・日本不信を強めたのである。最終的に日本政府は、勧告案可決の場合は連盟を脱退すると決定する。そしてその後、事態は日本が憂慮したとおりに進み、二月下旬、連盟総会は勧告案を可決し、その一カ月後、日本は連盟脱退を通告した。

実は、なぜ日本が国際連盟を脱退したのか、いまだによく分からないところがある。もちろん満洲国を承認した日本としては、もはやリットン報告書に基づく勧告案を受け容れることはあり得なかった。しかし、たとえ連盟が勧告案を可決したとしても、法的には日本は脱退する必要はなかったのである。事実、連盟総会以前には、そうした「居座り」策も選択肢の中に入っていた。連盟総会で、やや誇大な表現で日本の立場を弁じ立てた全権松岡洋右も、脱退論者ではなかった。

一説によれば、連盟にとどまっていると、熱河作戦が華北に波及した場合、連盟は日本に制裁を発動するのではないか、と憂慮されたことが連盟脱退を促したという。連盟の一員でなくなれば、制裁を受ける根拠はなくなり、対日制裁をめぐる列国との軋轢を避けることができる、と考えられたというわけである。言い換えれば、逆説的だが、国際協調（対立回避）のために、日本は連盟を脱退したことになる。

また別の解釈では、満洲事変あるいは上海事変以来、連盟が中国に同調し、中国の実情、特にその排日行為の厳しい実態をほとんど理解しないことに対する日本の不信感と反発が、連盟脱退につながったのではないかと考えられている。この解釈に立てば、熱河作戦に対する連盟の非難がさらに日本の反発を強め、脱退を決意させたことになる。

いずれにしても、日本は満洲事変と国際連盟脱退により、第一次世界大戦後の国際秩序、いわゆるヴェルサイユ・ワシントン体制から離脱した。ただし、既存の国際秩序からの離脱が直ちに国際協調を放棄したことを意味したわけではない。連盟の枠外での国際協調の可能性もあり得たからである。

日中関係安定化の模索

熱河作戦は順調に進み、関東軍は長城線に達した。そこで中国軍の頑強な抵抗に遭い激戦を交えたが、ようやくそれを排除し、長城線を越え関内に侵入して北平近郊にまで迫った。関東軍は、満洲国防衛のためには、それを脅かす華北の張学良軍（旧東北軍）

を壊滅させなければならない、と考えたのである。

これに対して蔣介石は、「安内攘外」（外敵を撃ち払う前に国内の敵を平らげる）の方針を掲げ、日本との妥協に向かう。日本軍に抵抗を続けてさらに失地を広げるよりも、一時的に屈して妥協を図り、将来の失地回復に備えよう、と考えたのである。

一九三三年五月末、天津郊外の塘沽《タンクー》で日中軍事当局の間に停戦協定が調印された。関東軍が長城線以北に引揚げ、以南に広大な非武装地帯（戦区）が設定された。この塘沽停戦協定によって満洲事変は一応のピリオドを打つことになる。

中国は満洲国の存在を断固として認めなかった。日本は、満洲国を認めることが新しい日中関係の前提だと主張した。このように両国の主張は真っ向から対立していた。にもかかわらず、この後、日中は互いに関係安定化の道を模索する。

当時日本では広田弘毅が外相を務めていたが、対中政策に関しては次官の重光葵が主導的役割を果たした。重光は、蔣介石と汪精衛（兆銘）とが合作した政権を親日的と見なし、これとの提携を通じて日中関係を安定化させようとした。

一方、中国では、蔣介石の「安内攘外」に呼応して、行政院長兼外交部長の汪精衛が「一面抵抗、一面交渉」を打ち出し、抵抗しつつ交渉し、交渉しつつ抵抗することを対日外交の方針とした。内政面では、一九三四年一月、前年一一月に樹立された反蔣派の福建人民政府を、蔣介石直系の国民政府中央軍が壊滅させた。江西省の共産軍に対する第五次剿共戦では、一九三四年一一月に瑞金を陥落させた。共産軍は逃避行（長征）に移った。蔣介石は広東・広西の反蔣勢力（西南派）に対しても直接、牽制と圧力を加えるようになった。こうして蔣汪合作政権は権力基盤を強化し、日本の関係安定化の働きかけに応じてくる。

安定化の契機となったのは、中国と満洲国との連絡に関する実務合意である。まず鉄道連絡（通車）については、日中合弁の民間会社を設立し、それが奉天・北平間の列車を運行するという合意が一九三四年六月に成立した。次いで郵便の交換（通郵）については、中国側が満洲国の切手を認めなかったために難航したが、同年一二月、申し合わせができた。その直後には、長城線をまたぐ通商活動をスムースに行うための税関を設置する協議も妥結した。

このような実務に関する合意が重ねられて、華北の事態は安定化に向かう。多くの場合、中国側は日本の要求を受け容れたが、満洲国承認に関わる事項は一貫して拒否し、文書による協定への調印を回避した。したがって、合意はあくまで申し合わせであった。

一九三五年一月、蔣介石は匿名の雑誌論文で、日中関係悪化の責任は日本だけでなく中国にもあるとし、日中提携の必要性を訴えた。同月、これに応えて広田外相は帝国議会で、中国に対する不脅威・不侵略を唱えた。さらに広田演説に応えるかのように同年二月、国民政府は全国の新聞社に排日言論の掲載禁止を命じた。また、各省市の教育部に反日的な教科書の使用禁止を命令した。

日中の関係安定化がピークに達したのは同年五月の大使交換である。中国に対する常駐使節を公使から大使に昇格させる方針は、実は既に一九二四年に閣議決定されていたのだが、しばらく棚上げされ、一九三四年からの関係安定化のなかで、ようやく実現の運びとなった。日本は英米仏独などの列国にも中国との大使交換を働きかけた。そして一九三五年六月には、国民政府が邦交敦睦令を公布し、排日運動を禁止した。

ところが、このように順調に動き出したかに見えた関係安定化は、ここでストップしてしまう。それに逆行する事態が華北に生まれたからである。それを生んだのは、またしても陸軍の突出行動であった。

第二章　日中戦争の発端

梅津・何応欽協定

中国国民政府は、失地回復のためにいずれは日本との衝突が避けられないとしても、当面は妥協を図ろうとした。日本政府は、満洲国の存在を前提として、中国との間に安定した関係を築こうとした。だが、陸軍、特に現地の関東軍や支那駐屯軍は、失地回復を諦めない国民政府の本質を「抗日」であると見なし、満洲国の防衛や対ソ戦略の観点から、国民政府が華北をコントロールすることを阻止しようとした。日ソ戦が起こった場合、国民政府はソ連に協力するかもしれないと考えたからである。

そもそも満洲事変の目的の一つは対ソ戦略上有利な態勢を築くことにあったが、結果的には逆説的にも日ソの軍事バランスは日本の劣勢に傾いた。ソ連は外交的には日本に対して宥和的であったが、軍事的には日本の脅威に対抗して、極東領土の軍備強化を図った。一九三四年六月の時点で、対ソ前線に位置する満洲と朝鮮の日本陸軍兵力はソ連極東陸軍の三〇パーセントに達せず、兵力の格差は広がりつつあった。陸軍が日ソ戦の場合の中国の態度を懸念し、国民党の勢力を華北から排除しようとした背景には、こうした対ソ兵力バランスの悪化があった。

一九三五年五月、親日的な新聞社の社長が天津の日本租界で暗殺された。国民党の特務組織・藍衣社の仕業であるとされた。また、非武装地帯内で反日・反満行動をとる武装集団を、旧東北軍系の河北省主席が陰で支援しているとされた。支那駐屯軍参謀長の酒井隆は軍事委員会北平分会委員長の何応欽に対して事件の責任を問い、国民党機関および中央軍・旧東北軍の河北省撤退、省主席の罷免などを要求した。軍司令官・梅津美治郎の不在中の酒井の独断であったが、要求通告の事後報告を受けた梅津や陸軍中央は、追認した。

要求通告後、支那駐屯軍と関東軍は華北当局に軍事的圧力を加えた。中国側は日本政府に斡旋を求めたが、地方的軍事問題は外交交渉の対象ではないとの回答を得ただけであった。何応欽は、結局、酒井の要求を受諾すると口頭で回答した。これがいわゆる梅津・何応欽協定である。中国側は合意内容を実行したが、それは日本との協定によるものではなく、中国自身の主権に基づく自発的な措置であるとの立場をとった。つまり、中国側にとって梅津・何応欽協定なるものは存在しないとされたのである。

同じ頃、察哈爾《チャハル》省の張北で、日本陸軍の特務機関員が監禁される事件が起こった。関東軍から派遣された土肥原賢二（奉天特務機関長）は省主席（第二九軍長の宋哲元）代理の秦徳純に対し、第二九軍の長城以南撤退、排日機関の解散などを要求し、受諾させた。これが土肥原・秦徳純協定である。こうして華北での軍の策動は日中関係安定化の動きを中断させてしまう。現地軍は、中国による対日関係安定化のアプローチもポーズに過ぎないとして、大使交換にも批判的であった。

華北分離工作

日本政府は、大使交換をテコとして全般的な関係安定化を進めようとしていた。それは華北での出先軍人の突出を抑えることにも有効であろうと考えられた。同年九月、初代駐日大使の蔣作賓が、①相互の独立尊重と対等関係、②友誼に基づく交際、③平和的方法による問題解決、という国交三原則が実現されるならば、中国としては満洲国を当面不問に付す、と提案したことを受け、日本でも対案の協議が進められた。

一〇月に関係大臣で合意されたのは、①中国の排日言動の徹底的取締と欧米依存政策からの脱却、②満洲国独立の黙認（できれば正式承認）、③赤化勢力の脅威排除（防共）のための協力、という三項目であり、広田三原則と呼ばれた。広田外相は日本側の三原則を蔣大使に提示したが、交渉は進まなかった。広田三原則は日本側の一方的な要求に終始していたからである。

こうしたなかで同年一一月、中国は幣制改革を断行する。これまでの銀本位制を廃止して管理通貨制に移行し、銀を国有化したのである。日本政府は、中国の幣制改革の実現可能性について懐疑的であったが、日本の否定的な予想にもかかわらず、英米の支援もあって中国の幣制改革は成功する。国民政府は幣制改革によって地方政権の経済的な基盤を掘り崩し、国家統一を進めようとしたのである。

国民政府による華北支配を阻止しようとしていた日本陸軍の出先機関は、幣制改革に激しく反発する。華北の軍閥将領たちの間にも幣制改革には抵抗があり、出先軍人たちはそれを利用して反撃を始めた。まず、銀を南京に送ることを阻止して幣制改革を妨害した。また、華北「自治」運動を強化し、華北の将領が国民政府から離脱することを促した。

華北の将領たちは、国民政府から支援と牽制を受けつつ、日本の出先軍の要望と圧迫をかわそうとした。結局、自治運動の成果として実現したのは、非武装地帯を含む河北省東部を領域として一一月に成立した冀東《きとう》防共自治委員会だけであった（一二月に冀東防共自治政府に改組）。

各地で繰り広げられる自治運動に対して、一二月、北平では大学生を中心とした数千人のデモ隊が「抗日救国」「打倒日本帝国主義」を叫び、公安当局と衝突した。一週間後には一万人以上が参加したデモが北平で展開された。皮肉なことに、日本が華北から国民党勢力を排除した後、国民党機関による苛烈な共産党弾圧が弱まったためもあって、華北での共産党勢力の浸透が進行していたのである。

そうしたなかで、北平には国民政府の地方行政機関として冀察《きさつ》政務委員会（委員長は宋哲元）が発足する。国民政府と華北将領と日本との三つ巴の妥協の産物であった。一方、南京では、日本の「北支」工作に対する批判から、いわゆる親日派の影響力が低下した。一一月、汪精衛は何者かによって狙撃され、行政院長兼外交部長を辞任した。一二月には、対日外交を担当してきた外交部次長・唐有壬が暗殺された。国民政府内の親日派との提携によって対中関係を安定化させようとしてきた広田・重光の外交は、その前提を失った。

衝突事件の頻発

華北分離工作により、日中関係は負の連鎖が始まる。たとえば、冀東政権は輸入品に対して国民政府の関税の四分の一ほどの特別税しか課さなかったので、大量の日本製品が華北に、さらにその南へと流れ込んだ。これは冀東特殊貿易と呼ばれ、国民政府の関税収入に大きな損害を与えただけでなく、国内経済を混乱させた。中国はこれを事実上の密貿易であるとして抗議したが、日本は中国の内政問題であるとして取り合わなかった。関東軍は非武装地帯を監視するためと称して華北に飛行機を飛ばしたが（華北自由飛行と呼ばれた）、中国側はこれを領空侵犯として抗議した。

一九三六年五月、支那駐屯軍は兵力を三倍（約五八〇〇）に増やした。この兵力増強の建前上の目的は、陝西省延安に根拠地を構えた共産勢力に対処することにあったが、実は、強引に華北分離工作を画策する関東軍に、華北から手を引かせ満洲国育成に専念させようという隠れた目的もあった。兵力を増強させて支那駐屯軍司令官を関東軍司令官と同格とし、「北支」工作は支那駐屯軍が主導することとしたのである。しかし、関東軍に対する牽制・抑制という内輪の事情を外に対して説明することはできず、兵力増強の事前通告を行わなかったこともあって、中国側は反発し、日本はまた何か事を起こそうと画策しているのではないか、という疑惑を強めた。

この頃、中国各地では日本人が攻撃される事件が相次いで起こっている。一九三五年一一月、上海で海軍特別陸戦隊の水兵が射殺された。一九三六年八月には、一時閉鎖していた成都（四川省）の領事館再開を前に、現地に赴いた新聞記者等が暴徒に襲われた（死者二名、重傷二名）。同年九月には、広東省の北海で薬局を営む日本人が殺害された（北海事件）。その直後、漢口で日本領事館の警察官が射殺され、上海でまた水兵が殺害された。こうした事件の背景には、華北での出先軍の行動や冀東特殊貿易により中国各地で対日反感が高まっていたことがあった。

綏遠事件と西安事件

中国の対日反感をさらに高めたのは関東軍の内蒙工作である。関東軍は蒙古の王族、徳王を利用して内蒙進出を図り、徳王自身も内蒙古自治を目指して関東軍に接近した。一九三六年五月、察哈爾省の徳化に徳王を主席とする内蒙軍政府が関東軍の指導下に成立し、満洲国との間に相互援助条約を結んだ。

やがて徳王は財政的基盤の脆弱な内蒙軍政府を強化するために、綏遠《すいえん》省の東部を支配下に入れようとする。同年一一月、関東軍が掻き集めた無頼の匪賊部隊が綏遠省に侵入したが、簡単に撃退され、内蒙軍も綏遠軍の攻撃を受けて潰走した。

この綏遠事件での中国軍の勝利は、「無敵」の関東軍を打ち破った大勝利であると大々的に報じられ、中国各地で喝采を浴びた。綏遠事件の勝利は誇大に受け取られ、中国の抗日感情を昂揚させた。

そして、その直後に西安事件が起こる。一二月一二日、剿共戦督戦のため西安を訪れた蔣介石を、張学良が内戦停止・抗日救国を訴えて拘禁した。延安から周恩来が飛来し、張学良には蔣介石の釈放を説得し、蔣介石には共同抗日を約束させたと言われる。真相はまだ分からないが、この事件が、その後の第二次国共合作を促したことは間違いない。

対中政策の再検討

西安事件は日本にとっても大きな衝撃であった。事件を、中国の内部分裂の深刻さを示すものと見なす観察があると同時に、国内統一に向かう重大な転機と見る分析もあった。後者の分析では、華北分離工作が批判され、対中政策の再検討が主張された。

再検討のイニシアティヴをとったのは、参謀本部作戦部長に就任していた石原莞爾である。彼は将来の対ソ戦をにらんで、当面は満洲国育成に専念し日満一体の軍需産業基盤強化を図るため、中国との衝突回避を望んだ。外務省でも一九三七年三月、林銑十郎内閣の外相に佐藤尚武が迎えられて、対中政策の見直しがなされた。その主眼は、華北分離工作の中止と経済提携の実行にあった。

しかしながら、政策転換の実績を挙げるには時間が必要であった。そして、その実績が挙がる前に、林内閣は総辞職する。同年六月、後継の近衛内閣の外相に就任したのは広田弘毅であった。

政策転換に対して関東軍は批判的であった。日本が譲歩を示せば国民政府はその「排日侮日」の態度を増長させるだけである、と関東軍は主張した。もし武力行使が許されるのであれば、いま中国に一撃を与えて、対ソ戦の場合の背後の脅威を除去するのが最も有利な対策である、とさえ論じた。

ただし、だからといって関東軍を含む日本陸軍が中国との戦争を計画していたわけではない。日本の国防方針において中国は仮想敵国の一つとされており、当然ながら毎年、対中作戦計画が作成されていた。中国の軍備強化に伴い、年度計画での対中作戦の使用兵力は増加した。しかし、対中作戦計画は万一の場合の非常事態計画であり、陸軍は対ソ戦に備えた軍備拡充を最優先していた。支那駐屯軍は参謀本部の作戦計画に基づいて、華北の占領計画をつくったが、これも非常事態計画であって、それが中国との戦争を企図していたことを示すわけではない。

だが、華北では、不穏な事件が後を絶たなかった。一九三六年、支那駐屯軍の増強部隊を収容する兵舎を北平近郊の豊台に建設したとき、中国人の間には、その工事のねらいについて疑心暗鬼が生まれた。同年の支那駐屯軍秋期大演習も中国側の疑惑をかきたてた。同年九月、柳条湖事件五周年の日、豊台の日本軍と中国軍（第二九軍第三七師）の兵士との間に小競合いが生じた。中国側の謝罪と豊台からの撤退で事は収まったが、いつまた同じような衝突が起こるか分からなかった。盧溝橋事件が起こったのはそれから一〇カ月後のことである。

盧溝橋事件とその後のエスカレーション

一九三七年七月七日夜、豊台に駐屯する支那駐屯軍の第三大隊第八中隊が盧溝橋近辺の河原で夜間演習中、実弾を撃ち込まれ、兵士が一名行方不明となった。行方不明の兵士は発見されたが、散発的に射撃があり、翌朝、第三大隊は中国軍が駐屯している宛平県城を攻撃した。その後、小規模の戦闘はあったが、九日には事実上の停戦状態となった。これが盧溝橋事件のあらましである。これが以後八年も続く日中戦争のきっかけになると予想した者はほとんど誰もいなかっただろう。

盧溝橋事件で誰が最初の一発を撃ったのか、いまだによくは分からない。当時第三大隊は、夜戦を重視した新しい対ソ戦闘法の演習を行っていた。大隊長の一木清直少佐は対ソ歩兵戦闘法の権威でもあった。日中関係が緊迫した雰囲気のもとで夜間演習を行うことが賢明であったかどうかは問題だとしても、日本側が柳条湖事件のような謀略を目論んだ形跡はない。中国兵が日本軍の演習に過敏に反応したのかもしれないし、あるいは中国共産党による何らかの挑発があったのかもしれない。しかし、いずれにしても、この事件を本格的な武力衝突にまで拡大させるシナリオは、日中どちら側にも存在しなかったと考えられる。

日中戦争は、おそらくは偶発的に発生した盧溝橋事件が、その後の日中両国の対応によって拡大した典型的なエスカレーションであった。日本側は、これまで同様の事件が発生したときに採用されてきた現地解決方式によって処理を図ろうとした。つまり、事件の処理を正規の外交交渉には委ねず、現地軍が地方政権を交渉相手として処理する方式である。従来、塘沽停戦協定でも梅津・何応欽協定でも、この方式によって問題の処理がなされてきた。盧溝橋事件でも、日本軍の出先機関と冀察政務委員会および第二九軍（宋哲元軍）当局との間で交渉がなされ、七月一一日には現地停戦協定が成立した。

ところが、日本政府は同日、事件が中国側の計画的な武力抗日であると非難し、この軍事紛争を「北支事変」と命名するとともに、内地および朝鮮・満洲からの増援軍派遣を決定した。石原参謀本部作戦部長は派兵に消極的であったが、国民政府中央軍北上の情報が入り、重大な脅威を受ける現地軍と居留民の保護のために派兵に同意した。当時、満洲を除く中国には約八万の日本人が居住しており、そのうち北平・天津地域には一万五〇〇〇の日本人が住んでいた。

その後、現地での停戦協定成立の報告が伝えられて、内地からの派兵は保留となった。しかし、それが中国側の態度に影響を及ぼした形跡はない。満洲・朝鮮からの援軍派遣は実行に移された。七月一九日、国民政府は、現地停戦協定は中央政府の承認を必要とするとし、国家主権に反する現地協定は認めないと言明した。日本側の現地解決方式を否定したのである。中国は、武力抵抗をしなかった満洲事変の二の舞を演じないという決意を固めていた。

だが、日本では、満洲事変以来の中国側の対応から、武力で威圧すれば中国は容易に屈服するという見方が強かった。陸軍では、対ソ戦の場合の後顧の憂いを断つためにも、この機会に中国に出兵し、武力によって華北分離など懸案解決を図るべきだとする主張が唱えられた。中国は武力威圧に屈するだろうし、たとえ抵抗しても、日本軍の一撃によって屈服に追い込まれるだろう、と考えられた（「対支一撃論」）。こうした議論を展開した軍人たちは、出兵が事態拡大につながる危険性が高いと批判され、「拡大派」と呼ばれた。

出兵に反対する石原らは「不拡大派」と呼ばれた。彼らは、当面、対ソ戦備充実のため満洲国育成に専念すべきであり、中国との衝突は避けなければならないと主張した。また、中国の抗戦力は侮りがたいとし、中国と武力衝突すれば紛争は長期化・泥沼化すると予想するとともに、その間ソ連が軍事介入してくるかもしれないと憂慮した。これに対して拡大派は、中国の抗戦力を軽視し、一撃によって中国を屈服させれば、事変はかえって早期に解決されると主張した。ただし、拡大派も中国との全面戦争を考えていたわけではない。拡大派は戦場を華北に限定することが可能であるとし、そこで中国に一撃を与え屈服に追い込むことができると楽観していたのである。

七月二〇日、再び現地で衝突が起こり、日本政府は再度、内地からの派兵を決定する。近衛内閣は、陸軍拡大派の主張に同調したと言えよう。不拡大派の石原も、現地軍・居留民への脅威を無視することはできなかった。しかし、この決定も二日後に保留となる。現地から事態沈静化の報告があり、内地からの派兵は事態を刺激するおそれがあるので見合わせてほしいとの要請があったからである。

だが、二五日から二六日にかけて現地で武力衝突事件が連続して発生する。破壊された電信線を修理するために派遣された日本軍部隊が攻撃され（廊坊事件）、北平に入ろうとしていた部隊が、事前通告していたにもかかわらず城門で攻撃を受けた（広安門事件）。二七日、陸軍は内地から三個師団の派兵をあらためて決定し、現地軍に武力発動を許可した。翌二八日、華北の日本軍は作戦行動を開始した。盧溝橋事件から三週間が経過していた。

和平の試み

エスカレーションの過程で日本は中国を威圧するために様々な手段を用いた。七月一一日に事件を「北支事変」と命名し政府声明を発表したのも、その一環であった。この日は日曜日であったが、その夜、近衛内閣は各界（政界、財界、マス・メディア界）要人を首相官邸に招いて協力を要請し、挙国一致の姿勢を示して中国を心理的に威圧しようとした。派兵の決定それ自体が心理的威圧効果をねらっていた。内地からの派兵を二度目に決定した二〇日の閣議で、米内光政海相は、派兵には軍事的な目的とジェスチャーとの両面があると述べている。

このように中国を威圧すると同時に、日本は交渉を通じて事変解決を図ろうとする。七月一二日石原作戦部長は内閣書記官長の風見章に、近衛首相が南京に乗り込み蔣介石と直談判を行って事変を解決してほしい、と申し入れた。これを聞いた近衛は、当時体調が思わしくなかったが、看護婦を同行させても南京に行きたいと語ったという。しかし、風見は、たとえ首脳同士が合意に達しても、中国軍も日本軍も統制が信頼できないので、その合意が実行できないかもしれず、その場合、事態はますますこじれて収拾がつかなくなるだろう、と首脳会談構想に反対した。近衛は風見の判断に同意し、代わりに広田外相を南京に派遣したらどうか、と提案した。風見は広田に打診したが、外相は諾否を明らかにせず、うやむやのうちにこの構想は立ち消えとなった。

近衛首相周辺で密使を派遣しようとした試みもある。その一人は、明治期に中国革命に協力した宮崎滔天の息子、宮崎龍介（当時、衆議院議員）である。一九三五年頃、初代駐日大使の蔣作賓が中国に帰るとき、今後、日中間に問題が起こった場合は宮崎か秋山定輔を連絡役に仕立てるべきである、との言葉を残していったという。これに基づいて秋山は近衛との了解のもとに宮崎に中国に赴くよう要請し、宮崎は七月二三日に東京を出発したが、憲兵隊に情報が洩れて翌日、神戸で捕まってしまった。

元老西園寺公望の孫で、近衛首相の側近でもあった西園寺公一は、近衛と同盟通信社長岩永裕吉から要請され、七月下旬に上海に渡った。西園寺は浙江財閥系の要人たちに接触したが、八月に第二次上海事変が発生し、成果を挙げるまでには至らなかった。

船津工作

この時期、本格的に実行された和平工作は「船津工作」と呼ばれる。これは、華北での武力発動後、日本軍が北平・天津地域を攻略して事態が一時、小康状態に入った七月末、石原作戦部長が天皇への拝謁時に、外交交渉による事変解決を奏上したことがきっかけであった。これを受けて、陸軍省軍務局軍務課長の柴山兼四郎から外務省東亜局長の石射猪太郎に外交解決案作成の要請があり、以後、石射を中心として外務省、陸軍、海軍の関係者の間で協議が進められた。

石射の構想をベースにして八月初めにまとまった案は、停戦条件案と全般的国交調整案から構成されている。

停戦条件案は、非武装地帯を北平・天津を含むまで拡張するが、塘沽停戦協定・梅津何応欽協定・土肥原秦徳純協定を解消するだけでなく、冀察・冀東政権も解消し、華北で国民政府が任意に行政を行うことを認め（ただし首脳は日中融和を図る有力者）、さらに日本は支那駐屯軍を縮小し、華北で日中経済合作を実施する、といった内容であった。

全般的国交調整案では、満洲国を不問とすること、防共協定を締結すること、排日抗日を取り締まること、特定品の関税を引き下げることなどを中国側に要求する代わりに、日本は上海停戦協定を解消し、華北自由飛行をやめ、冀東特殊貿易を廃止することが謳われた。非武装地帯の拡張など中国側の抵抗が予想される項目もあったが、全体的に見て穏当な停戦条件であり国交調整条件であったと言えるだろう。ただし、穏当であったがゆえに、この条件案は関係者以外には極秘とされた。

この条件案を中国側に伝える役割を託されたのは元外交官で在華日本紡績同業会総務理事の船津辰一郎である（この和平工作が船津工作と呼ばれるのはこのためである）。帰国中の船津は妻が重体であったが、この重大な任務を引き受けた。石射たちが描いたシナリオは、船津を国民政府外交部亜洲司長（アジア局長）の高宗武に接触させ、一私人として、日本政府が考えている和平条件を伝える、というものであった。船津は八月四日東京を出発し、七日上海に到着した。ところが、ちょうどこのとき、盧溝橋事件前に華北出張に出かけた駐華大使の川越茂が上海に戻ってきて、和平条件は自分が高宗武に伝えると言い出す。九日に船津は高宗武と会談するが、日本側の和平条件はその後の川越・高宗武会談に委ねられたのであった。

第二次上海事変

船津工作は川越大使の介入により、私人を介して和平条件を非公式に伝え柔軟に交渉を進めようという当初のねらいから、ややずれてしまった。しかし、結果的にそれはほとんど何の影響も及ぼさなかった。戦火が上海に飛び火して、華北での戦闘終結を前提にした船津工作の和平構想は吹き飛んでしまったからである。

八月九日夕、上海海軍特別陸戦隊の士官と兵士が殺害された事件（大山事件）を発端として緊張が高まり、一三日朝には日中両軍の間に武力衝突が始まった。一四日、中国空軍は上海の日本海軍艦船に対する爆撃を開始し（租界地域を誤爆して大きな被害を出した）、これに対抗して日本海軍の航空隊も渡洋爆撃を行った。蔣介石は、上海での戦闘に積極的であった。上海の戦いに中央直系軍を投入して日本軍を圧倒するか、あるいは互角に持ち込み、華北での敗北を清算して、将来の和平交渉で有利な立場を確保しようとしたのだろう。上海は列国の権益が錯綜している地域であったから、列国の介入を誘うことも、蔣介石の計算の中に入っていたかもしれない。

日本では、陸軍が上海への派兵に消極的であった。石原作戦部長は、居留民を引き揚げ彼らに補償金を払ったほうが、戦争するより安くつく、と述べたという。しかし、現地から再三の派兵要請を受けた海軍側の主張により、陸軍側は折れ、一三日に陸軍部隊二個師団の派兵が決定された。九月二日には、それまでの「北支事変」に代えて、この軍事紛争は「支那事変」と呼称されることになった。実際には、「事変」という呼称とは裏腹に、紛争は全面戦争化しつつあった。少なくとも中国は日本に抵抗するために全面戦争を戦う態勢をとった。

ところが、この時点でも日本は全面戦争を決意したわけではない。まだ依然として、中国の抗戦力軽視、「対支一撃論」が生き続けていたのである。上海戦線での苦戦により、中国の抗戦力、とりわけその抗戦意識の強靱さに気付くのは、この後のことであった。そして、こうした中国の抗戦力の強さをどのように分析し、それにどのように対処すべきなのか、日本は以後、苦慮を重ねてゆくことになる。もう一つ日本が苦慮しなければならなかったのは、盧溝橋事件以降、中国を心理的に威圧し屈服させるために、日本の挙国一致の姿勢を示そうとして自国国民の中にかき立てた「暴支膺懲」という対中感情にいかに対処すべきか、という問題である。紛争の全面戦争化・長期化とともに、この二つの問題はいずれもその難しさを大きくしていったのである。

第三章　上海戦と南京事件

日中戦争は、関東軍の謀略で始まった満洲事変、御前会議という国家としての正式な意思決定により開戦した太平洋戦争とは異なり、原因不明の発砲という偶発的事件により生起した。そのため、始点についていくつかの議論があり、これまでは盧溝橋事件をはじめとして、廊坊・広安門事件による日本軍の総攻撃など華北に焦点が当てられてきたが、華北のみならず中国全土を戦場とする全面戦争へと転換する契機となったのは、第二次上海事変であることは否定出来ない。

一方、日中戦争において、上海と南京が「場」として戦場となることは、「想定内」であった。しかし、その後の展開と結末は、両国にとって「想定外」であり、それが南京事件を生んだ一因でもあった。同事件は、現在でも両国間において論争があり、大きな禍根を残している。

そこで本章では、なぜそのような展開が生じたのか、またその結果である南京事件の原因について考察したい。

日中戦争勃発前の陸海軍の構想・計画

一九三六年六月、「帝国国防方針」とともに、「用兵綱領」も改定されたが、そこでは、中国を敵とする場合、「北支那ノ要地及上海附近ヲ占領シテ帝国ノ権益及在留邦人ヲ保護スルヲ以テ初期ノ目的トス」と記されていた。

陸軍においては、緊迫した日中関係の情勢を受けて、三六年七月に策定された「昭和十二年度対支作戦計画」では、これまで第九軍（三個師団）をもって上海付近を占領する計画であったが、中国軍の増強や狭い地形を考えた時戦略上不利になるため、新たに第一〇軍（二個師団）を杭州湾に上陸させ、両軍相呼応して軍を進め、上海、杭州、南京を含む三角地域を占領、確保するとされた。

しかし、陸軍では、基本的に中国との全面的な戦争は極力避け、やむを得ない場合も局地戦に限定することを想定していた。実際、陸軍の中国に対する作戦の計画はあまり重視されず、その検討・研究は、対ソ戦準備に比べ、著しく低調不十分であった。

当時参謀本部作戦班の班員であった西村敏雄少佐は、「当時参謀本部の誰人と雖《いえど》も今日（昭和）十二、十三年の如き大作戦を導く事を希望した者はなく、又斯様な大作戦になることを怖れ予想した人もなかった。……多くの人は斯様な作戦は大作戦迄進展しない以前にある限界に達すれば支那側が屈服するであろうと漠然たる想像に支配されて居った」と述べていた（『現代史資料12　日中戦争4』みすず書房、1965）。

一方、海軍は、第一次上海事変後の一九三二年一〇月、「海軍特別陸戦隊令」の制定により、上海海軍特別陸戦隊が設置され、常駐することになり、居留民の保護と日本の権益の擁護に従事していた。したがって、上海、揚子江流域など華中・華南に関しては、歴史的・地理的にも陸軍よりも海軍がその影響下としていたのである。

前述の改定された「用兵綱領」において、中国を敵とする場合、「海軍ハ敵艦隊ヲ撃滅シ支那沿海及揚子江水域ヲ制圧シ　陸軍ト協力シテ所要ノ要地ヲ占領ス」と、海軍には中国沿海と並んで揚子江流域の制圧も課せられていた。

この「用兵綱領」に基づき、海軍は「昭和十二年度帝国海軍作戦計画」を策定したが、揚子江方面での作戦について、以下のように記されていた（防衛庁防衛研究所戦史部編著『史料集　海軍年度作戦計画』朝雲新聞社、1986）。

「第三艦隊主力ハ作戦初頭速ニ揚子江方面ノ敵艦隊ノ撃滅及航空兵力ノ滅殺ニ任ズルト共ニ其ノ江口ヲ制扼シ且同方面ニ上陸スル陸軍ノ護衛ニ任ジ之ト協力シテ南京ヨリ下流ノ要地ヲ占領ス」

特に、作戦初頭における敵の艦隊と航空兵力の撃滅を強調しているのが大きな特徴となっていた。海軍の場合、華中・華南における居留民や権益保護のほか、中国沿岸と揚子江流域の警備任務を担っていたため、陸軍と異なり、局地的な戦いを期待しても、中国の現状からそれには留まらず全面的な戦争に拡大する可能性が高くなると予想、それに応じる必要があるとの前提から計画がなされていた。さらに海軍は、海上及び航空兵力が機動性に富んでいたため、所望の時期や地域に容易に集中転用できるといった点も、全面戦争を想定することをより可能ならしめていたのである。

一方、国民政府も「受けて立つマインド」に

満洲事変後の蔣介石の戦略は「安内攘外」政策と称され、従来は、日本をはじめとする外敵より、先ず共産党の掃蕩を優先することを意味すると解釈されてきたが、近年は日本との戦いを念頭に置いた、四川、雲南、貴州などの奥地各省における軍事力構築の

ための準備といった側面を有していたと指摘されている。したがって、蔣は、満洲事変後既に、近い将来日本と決戦を行うことを決心し、また長期持久戦になる可能性も想定していたのである。第一次上海事変勃発後の一九三二年四月、蔣から、第二次世界大戦は三六年に始まるであろうから、中国の対日抗戦準備は、同年までに完成させるよう計画する旨指示がなされた（岩谷將２０１０）。

そして、日中戦争の直前の三七年三月に制定された「民国二六（一九三七）年度国防作戦計画」では、日中戦争を「国際化」（世界戦争）することにより最終的な勝利を目指すという状況判断の下、以下のように記されていた（笠原十九司２００５）。

「長江下流地域の国軍は、開戦の緒戦において全力で上海を占領し、どのようなことがあろうとも必ず上海の敵軍を殲滅する。……やむを得ないときは逐次防衛陣地戦に後退し、最後は乍浦―嘉興―無錫―江陰の防衛線を確保して首都を防衛する」

すなわち、第一段階として、上海を中心とする揚子江流域で決戦を行い、有利な戦いを背景として国際的干渉を誘発する。第二段階として、それが難しい場合は、奥地に拠点を移し長期的に抗戦を実施することを考えていたのである。

この計画は、部隊の配置を含めほぼのちの第二次上海事変で実行に移されたが、こうした決戦構想の根拠となったのが、第一に、ドイツ軍事顧問団長のアレクサンダー・フォン・ファルケンハウゼンの指導により構築された、上海周辺のみならず広範囲に及ぶ防衛陣地、第二に空軍の創設とその強化、そして第三に共産党に対する掃討作戦の順調な進捗であった。

特に、後の上海戦には多くのドイツ軍事顧問団が参加、中国の中央軍が彼らの指導を受け、ドイツ製の武器を装備しており、「上海地区での日中戦争は、一面、日独戦争である」とまで言われた（松本重治『上海時代―ジャーナリストの回想〈下〉』中公新書、1975）。

蔣は、これまでは国内統一と国防建設が一定の成果を挙げるまでは対日抗戦は慎重に隠忍自重しなければならないと考えていたが、国内情勢の好転と国防の充実により、蔣の姿勢は、受動的なものから、より積極的なものへと転換していったのである。

海軍は不拡大方針ながらも全面戦争に備える

一九三七年七月、盧溝橋事件が勃発するが、米内光政海相は、閣議において陸軍の派兵提議に対して反対するなど、不拡大方針と局地的解決を主張していた。他方、海軍全体としては、本事件が全中国に波及する可能性が高いとの認識のもと、全面作戦に備える処理方針を、軍令部と海軍省が協議のうえ決定、不拡大方針の米内海相も、準備には異存はなかった。

軍令部は七月一二日、「対支作戦計画内案」を策定、戦局が拡大した場合の「用兵方針」として、以下のように定めていた。

「中支作戦ハ上海確保ニ必要ナル陸海軍ヲ派兵シ且主トシテ海軍航空兵力ヲ以テ中支方面ノ敵航空勢力ヲ掃蕩ス　作戦行動開始ハ空襲部隊ノ概ネ一斉ナル急襲ヲ以テス　第一、第二航空戦隊ヲ以テ杭州ヲ第一聯合航空隊ヲ以テ南昌、南京ヲ空襲ス」

すなわち、不拡大方針が放棄されていない時期にもかかわらず、軍令部は、全面戦争の具体的な作戦計画を策定していた。それは北海事件以降の海軍の方針を踏襲したものであると同時に、全面戦争化した八月以降、ほぼ計画がそのまま実行に移されたのであった。

この内案に対して、第三艦隊の長谷川清司令長官は、用兵方針としては最初から第二段作戦（戦局拡大の場合）で行うべしとの前提のもと、「中国の死命を制するためには上海、南京を制するのを最重要」とすべきで、中支那派遣軍には五個師団を要すること、

「開戦当初の空襲作戦の成否いかんはその後の作戦の難易遅速を左右するかぎであるから使用可能の全航空兵力をもって」することなどが、意見具申されたのであった。そして、長谷川司令長官は、これに基づき、第三艦隊作戦計画内案を策定したのである。

こうした海軍の動きに対して、石原莞爾参謀本部第一（作戦）部長は、嶋田繁太郎軍令部次長に、「海軍部内に対支全面作戦を行うべきであるとの強硬論が多いが、このようなものは作戦の本質を知らないものである」と申し入れを行っていたのである（防衛研修所戦史室１９７５）。

八月九日には、海軍特別陸戦隊の大山勇夫中尉と水兵一名が中国の保安隊によって射殺されるという大山事件が起こり、上海方面における情勢は悪化し、外交交渉も頓挫したため、一三日の閣議において、米内海相の要請を受けて、上海方面の居留民直接保護を目的として、陸軍の派兵が決定された。

さらに一四日深夜の閣議において、米内海相は、旗艦「出雲」に対する中国空軍の攻撃を受けてこれまでの慎重な姿勢を一変させ、事変の不拡大主義の放棄を主張、さらに全面戦争となった以上南京を攻略するのが当然であると強硬論に転じたのであった。この発言に対しては、昭和天皇から翌一五日拝謁した米内海相に対して、「これ以後も感情に走らず、大局に着眼して誤りのないよう希望する旨の御言葉」がなされたほどであった（宮内庁『昭和天皇実録　第七』東京書籍、２０１６）。

翌一五日には、「支那軍ニ暴戻ヲ膺懲シ以テ南京政府ノ反省ヲ促ス」との帝国政府声明が出されたのである。

この時点で海軍は、米内海相を含めて強硬論一色に染まっていったが、外務省東亜局長の石射猪太郎は、「海軍はだんだん狼になりつつある」（八月一三日）と日記に記していた（伊藤隆、劉傑編『石射猪太郎日記』中央公論社、１９９３）。

また、当時参謀本部第一部長であった石原は、「今次の上海出兵は海軍が陸軍を引摺って行ったものと云って差支えないと思う」と回想していたのであった（『現代史資料9　日中戦争2』みすず書房、１９６４）。

八月一三日上海において戦端が開かれたため、海軍は予てからの計画に従い、一五日から南京、南昌などに対する本格的な爆撃を開始したが、首都の南京に対する爆撃は、上海に戦場を限定していた参謀本部の作戦計画を大幅に超えるもので、疑問が呈せられた。例えば、高松宮は八月二〇日、「かかる政略的攻撃に対する手段は十分なりしか、目的は判然たるものなりや（中央より適確に命令すべきと考ふ）」と記していたのであ

る（高松宮宣仁親王『高松宮日記　第二巻』中央公論社、1995）。

空軍に自信を持った蔣介石の対応

盧溝橋事件勃発後、蔣介石は、「不戦不和」「一面交渉、一面交戦」のなかで葛藤していた。七月一七日に、「最後の関頭」に臨んでいるとの「廬山談話」を発表、二八日には、支那駐屯軍による総攻撃が開始されたため、蔣は三一日、和平は絶望的で徹底抗戦あるのみと全軍を督励するにいたった。一方、蔣は、上海での戦闘を予想して、七月末には、上海にあるガソリンや通信機材をあまねく購入するよう、また、部隊の主力を黄浦江南岸に集中配備するよう命じた（岩谷2015）。

八月に入ると蔣は、「応戦」から「決戦」へと転換するが、その根拠となったのが軍事力、特に空軍に対する自信であり、国際都市である上海で有利に戦えば、対日経済制裁など外国の支援を得られるであろうと考えていた。

一一日、日本側現地機関は中国に対して、中国の保安隊の撤退と防備施設の撤去を申し入れたが、南京の軍事委員会は、京滬警備司令の張治中に対して、中央軍を率いて、包囲攻撃を目的として上海付近に前進するよう命令、一二日に張は部隊を上海に進め、江湾・彭浦付近に重点的に配備するまでに至る。

また一二日には、国民党中央常務委員会は新たに国防最高会議を設置、陸海空軍の総司令となった蔣は、戦時状態に既に入ったと宣言、事実上の中国の臨戦体制が確立したのであった。

一三日午前、日中間で発砲事件や衝突があり、蔣から張に対して、海軍特別陸戦隊に対する攻撃準備をせよとの指示が伝えられた。一四日午後三時、張の部隊は正式に先制攻撃を開始し、以降中国軍の全面的な抗戦が展開されるに至ったのである。他方、中国空軍も、一四日午後、上海の海軍特別陸戦隊司令部及び黄浦江に停泊していた日本海軍第三艦隊の旗艦「出雲」に対して爆撃を行った。蔣は空軍の活躍に期待しており、以後八月一四日は、「空軍節」（空軍記念日）とされ、今日に至っている。

まさに、上海での作戦を担任していた張発奎が戦後、上海では中国が先に仕掛けたと回想しているように、上海における開戦は中国側の入念な準備の下になされたものであった（岩谷２０１５）。

国民政府は、一四日「自衛抗戦声明」を発表、日本側はこれを事実上の宣戦布告と受けとめ、翌一五日に先の「膺懲声明」を発出したのである。同日、蔣は、軍事委員長の名で全国総動員令を下達した。

二〇日、軍事委員会は、華北における戦いに重点を置くのは不利であり、上海で日本軍を牽制する方が良いと判断、上海方面に主力部隊を集中することにより、同地域の日本軍を殲滅することを決定した。

こうして、「淞滬戦役（上海での戦い）が勃発したことは、中国が華北戦場以外に、第二戦場を開いたことを意味し、名実ともに『全面抗戦』に突入」したのであった（楊天石2006）。

蔣が上海において積極的な軍事行動に出た理由は、第一に、日本との戦争が長引いた場合それに乗じて共産党の勢力が伸張し内戦に発展する危険性があり、その前に一挙に日本に勝利しておく必要があったという国内的要因である。第二に、中国の軍事力、特に中国空軍に対する期待である。最後に、英米仏などによる対日制裁などの支援、さらにソ連の参戦という国際環境に対する楽観的な見通しである。国際都市上海で有利な戦いを外国に示せば、対日制裁やソ連の参戦など外国の支援をもたらすであろうとの期待があった。蔣は、「この上海戦は、外国人にやって見せるものだ」と語っていた（家近亮子2012、楊2006）。

こうした蔣が有していた勝算の見通しは必ずしも非現実的なものではなかった。例えば、当時外務省東亜局長であった石射は、八月一七日の日記に、「支那は大軍を上海に注ぎ込んで陸戦隊セン滅を図って居る、之に対して幾日もてるか。陸戦隊本部は陥落はしないか」と記していたのである（『石射猪太郎日記』）。

陸軍も不拡大方針を放棄

一九三七年八月一四日の閣議において、南京を攻略せよといった強硬論も出されたが、杉山元《はじめ》陸相は、事変が全面戦争化したとは考えておらず、依然不拡大方針を堅持しており、南京攻略は考えていなかった。

したがって、一五日下令された上海派遣軍は、純粋の作戦軍としての「戦闘序列」ではなく、一時的な派遣の「編組」となっていた。その任務も、「海軍ト協力シテ上海附近ノ敵ヲ掃滅シ上海竝其北方地区ノ要線ヲ占領シ帝国臣民ヲ保護スヘシ」と極めて限定されたものであった。

しかし、同軍司令官に親補された松井石根大将は、上海派兵は、政府のこれまでの局地的解決・不拡大方針の撤回を意味しており、「南京ヲ攻略スルノ目的ヲ以テ中支地方ニ所要ノ兵力（約五師団）ヲ派遣シ　一挙南京政府ヲ覆滅スルヲ必要トス」との認識を有していたため、このような限定された上海派遣軍の任務に不満であった（南京戦史編集委員会編『南京戦史資料集Ⅱ』偕行社、１９９３）。

　このような松井司令官の言動に対しては、早い時期から懸念も示されていた。例えば、高松宮は、八月一六日の日記に、「松井大将が上海派遣軍司令官となる。大アヂア《ママ》主義の人だけに、陸軍一部論者は之を利用して中支に対する政略を遂行せんとすべく、之は大いに警戒すべきものにして、北支における日本の優越は列国すでに認めるところなるも、長江筋における『小刀ザイク式』のやり方は、国際関係の大局に着眼せざるべからず」と記しており、適確に観察していたのであった（『高松宮日記　第二巻』）。

　八月一七日閣議は、従来の不拡大方針の放棄を決定、九月二日内閣は、「北支事変」を「支那事変」と改称した。

　九月末、石原参謀本部第一部長は更迭され、新たに下村定少将が着任した。下村は、対ソ戦準備は考慮していたが、主戦場を華北から華中に移し、上海方面で決戦する積極的な作戦こそが、事変の早期終結を導くと考えていた。

　一方、八月二三日に上海に上陸した上海派遣軍は、中国軍が中央直系の最精鋭部隊を投入したため、苦戦を強いられた。九月下旬までに、上海方面での戦死は二五二八名、戦傷九八〇六名の計一万二三三四名の犠牲を出し、華北方面における戦死二三〇〇名、戦傷六二六二名の計八五六二名を大きく上回っていたのである。

その後、師団の増派と海軍航空部隊の空爆により、漸く戦局は好転するに至るが、昭和天皇は、当時を以下のように回想している（「小倉庫次侍従日記　昭和天皇戦時下の肉声」『文藝春秋』2007年4月号）。

「支那事変で、上海で引かかったときは心配した。停戦協定地域に、『トーチカ』が出来てるのを、陸軍は知らなかった。引かかったので、自分は兵力を増強することを云った。戦争はやる迄は深重に、始めたら徹底してやらねばならぬ、又、行わざるを得ぬと云うことを確信した」

海軍航空部隊による爆撃

八月一五日以降、海軍航空部隊による南京や南昌などへの爆撃が実施されていたが、この時期の航空作戦は、空母からの洋上発進攻撃、もしくは大村（長崎県）、済州島、台北などからの渡洋爆撃で行ったため、戦闘機の護衛が十分とは言えず、陸上航空基地を根拠とする中国空軍に決定的な打撃を与えることは出来なかった。

しかし、九月に入り、上海の公大飛行場がほぼ完成したため、同飛行場を基地として南京爆撃を重点的に実施、南京の制空権を完全に掌握するに至った。南京爆撃に従事した第二聯合航空隊の三竝貞三司令官は、爆撃に当たっての訓示において、「南京市中ニ在ル軍事政治経済ノ凡ユル機関ヲ潰滅シ中央政府カ真ニ屈服シ民衆カ真ニ敗戦ヲ確認スル迄ハ攻撃ノ手ヲ緩メサル考ヘナリ」と述べていた（原剛2017）。海軍は、華中において開戦した場合、劈頭の航空作戦によって短期間で戦争を終結し得ると考えていたのである。

さらに、杭州など中国空軍の中枢飛行場を空襲、使用不能な状態とし、上海近辺の制空権を一気に制圧したのであった。上海において、圧倒的な勢力の中国軍の猛攻に、海軍特別陸戦隊が陸軍の到着まで持ちこたえることができた要因として、日本側が制空権及び制海権を掌握していた点は大きかったのである。

このように、陸軍の上海派遣軍が、上海付近に限定された任務で作戦を展開している時に、既に海軍は上海を遠く越えた南京を爆撃し、国民政府の屈服をも意図していたのである。そのため、結果的には、海軍による上海から南京に至る一帯の制空権の掌握が、陸軍の作戦を容易にし、南京攻略をもたらしたと言っても過言ではない。

他方、八月二九日には南京駐在の米英など五カ国の外交団が、日本軍による南京爆撃に対し抗議し、即時停止するよう要求を行ったように、無防備都市への爆撃であるとして、国際的な批判を浴びたのであった。

昭和天皇は、各国大公使館がある南京への爆撃には注意する旨忠告されていたが、百武三郎侍従長より南京・広東爆撃に関する言上をお聞きになった際、「戦争は不幸である」との御言葉があった（宮内庁『昭和天皇実録　第七』東京書籍、２０１６）。

蔣介石の上海への固執

蔣介石が上海での決戦を決めた一因として、空軍力に対する自信があったが、空軍力は質量共に日本が圧倒しており、日本海軍航空部隊により、上海近辺の制空権は一気に制圧されてしまった。中国軍の要職にあった白崇禧も、「制空権がないため、戦闘ができない。……長期抗戦をするなら、別の戦略を考えるべし」と表明していたのである（楊２００６）。一方、中国軍の戦闘機は、八月一四日の攻撃開始以来、外国租界に対する誤爆を頻繁に行っており、英米仏の関係機関が厳重に抗議を行っていた。

蔣は九月半ば、上海に兵力を集中して決戦するか、奥地に兵力を移し長期抗戦を行うか、もしくは日本軍を南に誘い込み黄河以南を主戦場とするのか、迷い始めていた。

一〇月中旬には、上海戦の帰趨はほぼ決しており、中国軍は甚大な犠牲を受けていたが、蔣は、幕僚による撤退の建議にもかかわらず、上海戦の継続を決心した。その理由は、華北戦場の圧力を軽減することによる華北地域を通じた中ソ間のルートを維持することと、国際社会の支持・支援、それにともなう国際的な対日制裁に対する大きな期待であった。特に、上海での善戦が九カ国条約会議に良い影響を与えるであろうと考えられていた（楊２００６）。一一月三日から一五日までブリュッセルで、九カ国条約会議が開催され、蔣はその成行きに期待を寄せていたのであった。

しかし、一〇月中旬日本軍は猛攻を行い、ついにクリークを突破し、中国軍は西へと撤退することになり、蔣が期待していた九カ国条約会議は、具体的な対日経済制裁を決定しなかったのである。

他方、上海での戦いは、中国軍に多くの人的損失をもたらしただけではなく、兵士の質・士気の低下や指揮の乱れを招いていったのである。上海における激戦は、予期に反して日本軍の増派をもたらすとともに、中国軍は多大な損害を被ったため、結果としてその後の日本軍の快進撃を招来することになり、南京に至るのである。

進撃する陸軍、追認する指導部

一九三七年一一月五日払暁、日本軍の第一〇軍は、杭州湾に奇襲上陸を行ったが、側背を脅かされた中国軍は総退却を始め戦況は一変した。

一一月七日、上海派遣軍と第一〇軍の統一指揮を目的として、中支那方面軍の「編合」が発令された。「編合」は、正式の戦闘序列ではなく、仮の編成とされた。任務は、「敵ノ戦争意志ヲ挫折セシメ戦局終結ノ動機ヲ獲得スル目的ヲ以テ上海附近ノ敵ヲ掃滅スルニ在リ」とされ、当初の居留民の保護からは拡充されたものの、依然として「上海附近」と地域的に限定されたものであった。さらに、「中支那方面軍ノ作戦地域ハ概ネ蘇州、嘉興ヲ連ヌル線以東トス」と制令線が指示され、戦線を拡大する考えはなかったのである。

一一月中旬には、日本軍は上海全域をほぼ制圧し、これで居留民の保護はもちろん方面軍の任務も達成されるに至った。当時陸軍省は、上海戦の終結を見越して、「上海付近の作戦一段落に当り政府の行う声明案」（一〇月二八日付）を作成していたが、そこでは、上海戦が終結すれば、「直に軍事行動を停止し、欣然日支の友交を修むるに吝ならず」と記されていた。しかし、海軍などから時期尚早との反対があり、見送られた。

一方、中支那方面軍や第一〇軍からは、頻繁に南京攻略の意見具申がなされており、他方戦局も予期以上に進展したため、参謀本部においても、制令線を撤廃し南京攻略に向うか否かについて、議論が分かれていた。しかし、参謀本部は石原が去ったこともあり、積極論へと大きく傾いていたのである。

現地では、方面軍は制令線まで急速に進出すると、今度は制令線を撤廃して南京に迫るべきであると再三主張していたが、一一月一五日、第一〇軍は「独断追撃」の敢行を決定し、南京進撃を開始するに至った。松井方面軍司令官もこれに同調し、軍中央をさらに突き上げるに至った。参謀本部では、多田駿参謀次長や河辺虎四郎作戦課長が、進行中のトラウトマン和平工作を念頭に、南京攻略以前に和平交渉による政治的解決を意図していたが、進撃を制止することは困難であった。

日本軍の杭州湾上陸により、中国軍が総崩れとなり敗走が始まると、蔣は一一月一三日、遷都して長期抗戦を行うことを決め、二〇日に正式に首都の重慶への移転を発表した。

一方、南京をめぐる戦いについて、軍事委員会の多くの幕僚は、南京での犠牲は戦略上無意味であり、遊撃戦に転換すべきである、もしくは一定の名目的な抵抗を行った後、撤退し長期持久戦を行うべきであると主張、南京での本格的な戦いは避けるべきであるといった意見が大勢を占めた。蔣は、一一月一七日の日記に、「南京は固守すべきか、それとも放棄すべきか、決断に迷う」と記していた（楊2006）。

一一月上旬に一旦は拒否した日本から提起されていたトラウトマン和平工作を通して、当面和平を模索することも検討した。しかし、最終的に蔣は、幕僚らの反対にもかかわらず、南京を死守することを決定、一一月一九日、唐生智を南京衛戍司令官に任命し、その防衛の総指揮権を付与した。死守を決めたのは、南京は首都であり、かつ孫文など代々総理の陵墓が存在しているため、簡単に明け渡しては体面にかかわる問題であり、さらにこの時点においてもソ連の参戦に最後の望みを託していたためと考えられる（楊2006）。他方、中国共産党は、南京の防衛は、中国人民の責任であり、最高度の抗戦精神を以て、日本軍に対して人民が総武装化して戦うべきであると主張していた。

ついに、一二月一日、大本営（一一月二〇日設置）は、「海軍ト協力シテ敵国首都南京ヲ攻略スヘシ」と下令し、中支那方面軍の「戦闘序列」（これまでは「編合」）が令せられた。一二月四日からは、海軍航空部隊による爆撃も南京に集中、一二月一二日には米砲艦「パネー号」への爆撃事件も生起した。

一二月六日、蔣は南京を離れることを決意、七日朝宋美齢夫人と共に南京を離陸、南昌空港を経て廬山に向った。蔣は、この日の日記に、「人民が戦禍を受けることの苦痛を伴いつつ、南京を離れ居場所を失い、生死をうらなうこともできない」と記していた（家近2012）。

蔣が、死守の宣言にもかかわらず、南京が総攻撃を受ける直前に脱出した理由としては、以下の点が指摘されている。第一に、日本軍との圧倒的な軍事力の差に対する認識に基づく敗北の予測である。第二に、参戦をはじめとする軍事的支援に対するソ連の拒否である。当時、蔣は、ソ連の出兵、すなわち対日参戦を、唯一の戦局挽回の契機として期待していたが、一二月五日、スターリンは、日本が挑発しない限り、単独で対日参戦することは不可能であると回答を行った。第三に、九カ国条約以降も一向に改善しない英米などからの国際的な支援である（家近2012）。

この間、中国政府高官は次々に南京を離れ、住民の多くも戦禍を逃れ市内に設置された南京国際安全区（「難民区」）に避難し、また、日本軍に利用されないために多くの建物が中国軍によって焼き払われた。

松井司令官は一二月九日、中国軍に対して南京城を引き渡すよう開城・投降勧告を行ったが、唐司令官はこれを拒否した。その結果、松井司令官は、一〇日一三時、全軍に総攻撃と城内の掃蕩を命じたのである。唐司令官は一一日、蔣から撤退の指示を受けると、一二日、各所の防衛指揮官に包囲突破による撤退を命じた。しかし、撤退命令の伝達が遅れたため、時機を失してしまい、計画通り撤退できた部隊は、唐司令官を含めわずかで、揚子江によって退路が塞がれ、中国軍は混乱状態となり、多数の敗残兵が便衣に着替えて「難民区」に逃れた。一三日早暁中国軍の組織的抵抗は終了、日本軍は南京を占領したのである。

当時、『ニューヨーク・タイムズ』（一九三七年一二月一八日付）は、「南京の占領は、中国人が被った圧倒的な敗北であり、近代戦史における最も悲惨な軍隊の崩壊のひとつであった。……無益な都市防衛を許した蔣介石総統の責任は非常に大きい。唐生智将軍と隷下の関係師団の指揮官たちは、より直接的な責任を負わなければならない。彼らは軍隊を置き去りにして逃亡し、最初の日本軍が城内に突入することにより生ずる絶望的な状況を放置していたのである」と記していた。

中国（楊天石『找尋真実的蔣介石』）及び台湾（李君山『為政略殉』）いずれの代表的な蔣介石研究者も、無益な多数の犠牲者を出したとして蔣の戦争指導を厳しく批判している。例えば楊は、「淞滬、南京戦役においては、国際的な力による共同制裁とソ連の出兵に対し、非現実的な幻想と期待を寄せ、適時に戦略的な撤退を実施しなかったため、中国軍に前例のない大きな損失をもたらした」と結論づけたのである（楊２００６）。

南京事件

南京陥落前後に生起した日本軍による南京事件は、現在でも活発な議論がなされているが、外務省のウェブサイトの「歴史問題Q＆A」では、「非戦闘員の殺害や略奪行為等があったことは否定できないと考えています。しかしながら、被害者の具体的な人数については諸説あり、政府としてどれが正しい数かを認定することは困難であると考えています」と記されている。以下、事件の概要を記す。

① 性格

中国では、その組織性や計画性が強調され、さらに、Iris Chang の著書 *The Rape of Nanking : The Forgotten Holocaust of World War II*（1997）のタイトルが象徴するように、ホロコーストと並べて論じられることもある。

一方、『「日中歴史共同研究」報告書』（北岡伸一・歩平2014。以下、「日本報告書」と略記）は、「日本軍による捕虜、敗残兵、便衣兵、及び一部の市民に対して集団的、個別的な虐殺事件が発生し、強姦、略奪や放火も頻発した」と記述されており、計画性や大規模な組織性は否定されている。

② 犠牲者数

日本軍による虐殺行為の犠牲者数は、極東国際軍事裁判における判決では二〇万人以上（松井司令官に対する判決文では一〇万人以上）、一九四七年の南京戦犯裁判軍事法廷では三〇万人以上とされ、中国の見解は後者の判決に依拠している。一方、「日本報告書」では、「日本側の研究では二〇万人を上限として、四万人、二万人など様々な推計がなされている」と記述されている。このように犠牲者数に諸説がある背景には、

「虐殺」（不法殺害）の定義、対象とする期間・地域（例えば東京裁判では、期間は一二月一三日の南京陥落から六週間、地域は南京市とその周辺とされている）、埋葬記録や人口統計などの資料に対する検証の相違が存在している。

③　生起した原因

虐殺などが生起した原因としては、「日本報告書」では以下の点が指摘されている。日本側では、第一に、「事変」であったため、俘虜（捕虜）の取扱いに関する指針や占領後の住民保護を含む軍政計画が欠けており、また軍紀を取り締まる憲兵の数が少なかった点がある。第二に、食糧や物資補給を無視して南京攻略を敢行した結果、略奪行為が生起し、不法行為を誘発した点である。第三に、日本人一般に広く見られた、捕虜に対する嫌悪感及び中国人に対する蔑視感情などである。

さらに同報告書は、中国側の「副次的要因」として、中国軍の南京防衛作戦の誤りと指揮統制の放棄・民衆保護対策の欠如に言及している。南京国際安全区委員長のジョン・ラーベは、唐司令官は「無分別にも、兵士はおろか一般市民も犠牲にするのではないか」と懸念し、中国国民の生命を省みない国民政府・軍首脳の無責任さを批判していた（ジョン・ラーベ『南京の真実』平野卿子訳、講談社、1997）。

また、南京の地形も、大きく影響したと指摘されている。すなわち南京は、西側と北側が揚子江と城壁に面しており、したがって、東側及び南側から攻撃された場合、揚子江によって退路が塞がれることになり、防衛する側にとっては、敵を撃破するか、城内で全滅する道しか残されていなかった。中国の他の戦場では多くの場合、日本軍に会戦で敗北後、後退することが可能であったが、南京ではそれが難しかったのであり、多大な犠牲者を生ずる結果となった（原剛「いわゆる『南京事件』の不法殺害」軍事史学会編『日中戦争再論』錦正社、2008）。

一方、日中両軍の兵隊の構成・質も大きな要因であった。日本軍は、華中に投入された兵隊に後備役や予備役が多く、さらに、上海での激戦による損耗の結果、各部隊に補充兵が送られたため、士気や規律に問題が生じたとも指摘されている。

一方、中国軍は、当初上海戦に配備されたのは蔣介石直系の中央軍を中核とする精鋭部隊であったが、その多くが損耗を受け、それを補充するため、全国から新たに兵士を供出させることになる。当時中国では、徴兵制が実質的に実施されていなかったため徴発がほとんどであった。したがって、南京防衛に従事した兵隊の多くは、ほとんど訓練を受けることなく、戦場に送り込まれるケースも散見された（笠原２００５）。そのため、中国軍は、味方部隊の逃亡を武力で抑止するため「督戦軍」を設けるほどであった。

④　中国軍による殺害

日本軍による虐殺の他に、「清野作戦」「督戦軍」など中国軍による虐殺も生起していた。例えば、日中戦争に関する代表的概説書である臼井勝美『新版　日中戦争』（中公新書、２０００）では、以下のように記述されている。

「日本軍に利用されないため、重要建築物の放火破壊が始まった。……南京死守を呼号していた唐司令は、蔣の命令によるとして、部下および一般市民をまったく無対策のまま敵軍の前に置き去りにして逃亡した。しかも渡江しようとする中国軍とそれを阻止する部隊との間に同士討ちが始まり、多くの兵士はなんの目途もなく寒夜揚子江に逃げ入り、徒死するにいたる」

また、『ニューヨーク・タイムズ』（一九三九年一月九日付）には、以下のように記されている。

「中国軍の放火による財産破壊の額は、容易に二〇〇〇万から三〇〇〇万ドルに達する。

日本軍による南京攻略

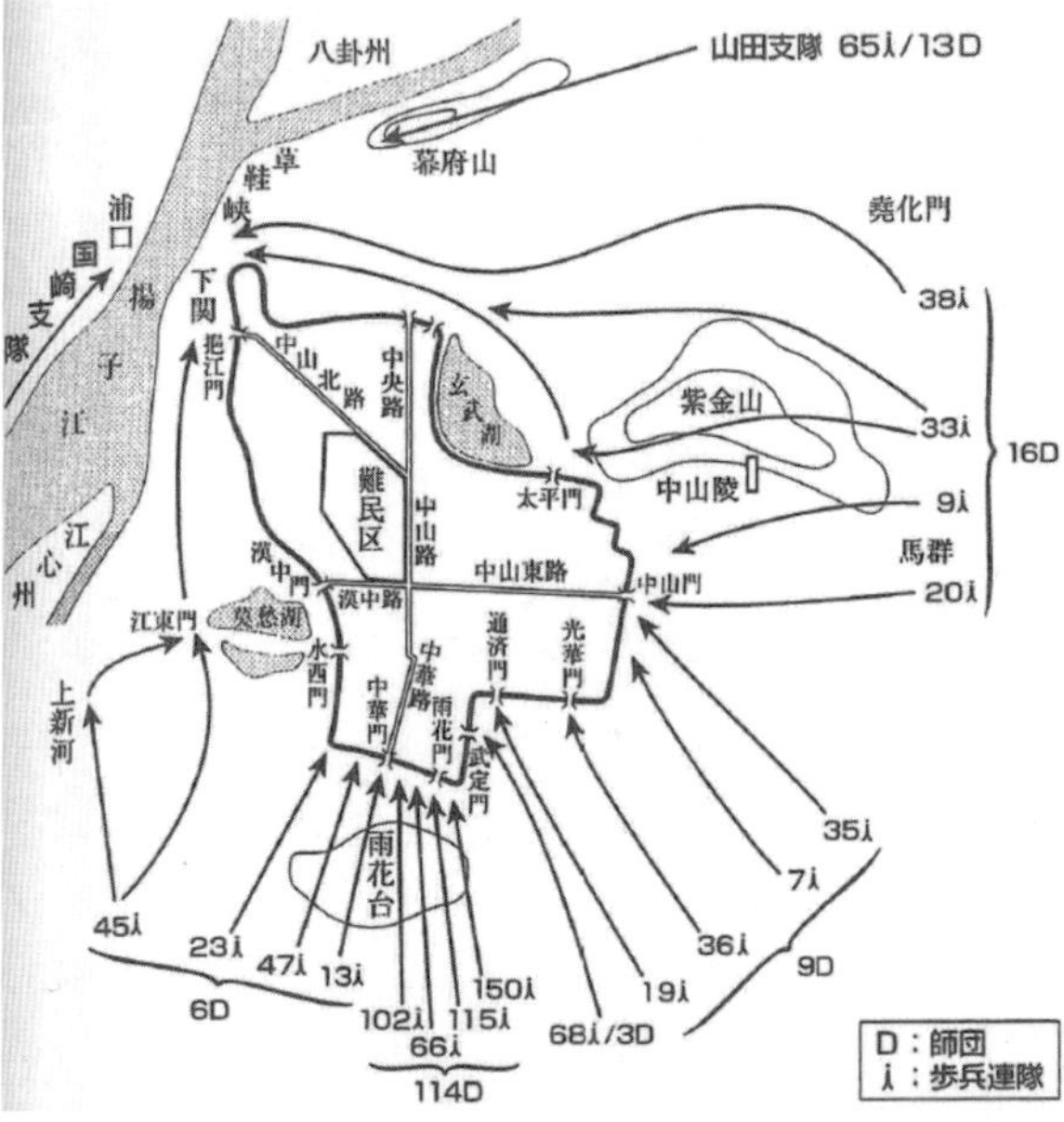

出典：原剛「いわゆる『南京事件』の不法殺害」（軍事史学会編『日中戦争再論』錦正社、2008年に所収）

南京市街を進む日本軍の戦車部隊

出典：『支那事変写真全輯（中）　上海戦線』（朝日新聞社、1938年）

これは南京攻略に先駆けて、数カ月間にわたって行われた日本軍の南京空襲による破壊より大きいものであり、おそらく、南京攻撃における日本軍の爆撃や占領後日本軍部隊によってもたらされた被害に匹敵するであろう。中国軍指導部は、軍事的必要性から、市周辺全域を焼き払ったと常に説明していた」

⑤　マニラ市街戦との比較

南京事件は、国内外で有名であるが、第二次世界大戦におけるマニラ市街戦において生起したフィリピン人の多くの犠牲について、現在ではあまり語られることはない。

マニラ市街戦とは、一九四五年二月から三月にかけてフィリピンのマニラで行われたもので、人口約七〇万人の都市で約四週間に及び、約一〇万人の犠牲者が生じた激烈な戦いであった。スターリングラード、ワルシャワ、ベルリンと並ぶ、第二次世界大戦における代表的な市街戦と称されている。

南京事件と比較した場合、両者には、作戦指揮（攻撃及び防御の両面）の誤り、正確な犠牲者数特定の難しさ、彼我両軍による殺害といった共通点が見られる。マニラでは、「剣（日本軍の銃剣）と炎（アメリカ軍の無差別砲撃）による恐ろしい死」と称されている。

一方相違点としては、戦闘の主体が、マニラの場合「他者」（日米）であり、犠牲者が南京の場合多くは兵士、マニラは市民といった点が指摘できる。特に、日比間では、虐殺事件にもかかわらず、憎悪を乗り越え現在では和解がもたらされているのも大きな特色である（南京事件とマニラ市街戦の比較については、中野聡「マニラ戦と南京事件」記録集編集委員会編『南京事件70周年国際シンポジウムの記録―過去と向き合い、東アジアの和解と平和を』日本評論社、２００９を参照）。

いずれにしても、一般的に大都市において市街戦に至った場合、兵士のみならず多くの民間人の犠牲が生じることは避けがたいことを物語っている。

日中双方の過信と誤り

日中戦争が、華北のみならず中国全土を戦場とする全面戦争へと転換し、長期戦へと泥沼化する上で、決定的な契機となったのは、第二次上海事変の勃発であった。「場」としての上海は、蔣介石の戦略や日本海軍の作戦計画などに見られるように、その伏線は既に存在しており、想定内であった。蔣は、これまでの「応戦」から「決戦」へと転じ、これに対して日本海軍も計画に従い積極的に応じたのであった。したがって、国民党は、上海事変を実質的な開戦と見做している。

一方、その後の展開・結末は大きく異なったものになった。日中戦争勃発当初の対応において、日本側は、中国の軍事力を過小評価し、全面戦争化することなく、一撃により屈伏できると考えた。他方、蔣も、空軍をはじめ自身の軍事力を過信し、国際的な支援を獲得できれば最終的に勝利できるであろうとの淡い期待があった。日中いずれも、自身の軍事力に対する過信と、それによる戦争の行方に対する事態楽観と希望的観測に囚われたため、予測を誤ったのである。

当初日本軍は、上海において苦戦を強いられ、蔣の計画は実現するかに思われたが、それを打ち破ったのが日本海軍による迅速な作戦であった。海軍は、事変勃発以前より、全面戦争を前提とした具体的な作戦計画を作成しており、上海事変勃発を契機に、それはほぼ案通りに実行に移されたのであった。南京への爆撃は、上海に戦場を限定していた参謀本部の作戦計画を大幅に超えるものであった。結果的には、海軍による計画的な航空作戦の実施が、陸軍の南京追撃を容易にし、陸軍の下剋上と相俟って南京攻略へと拡大する一因ともなったのである。

さらに、日中両国共に戦争指導に一貫性を欠いていた。特に、蔣の上海及び南京の防衛戦における戦争指導の迷走は、重大な戦略的過ちであり、多くの人的損失をもたらした。結果として、戦争の長期化をもたらし、南京事件といった悲劇をも生んだのであった。

その後、日本軍は、南京を占領したものの、最終的に中国に勝利することはできなかった。一方、蔣は、南京は失ったものの、日中戦争の「国際化」により勝利するという戦略において中期的には成功したが、長期的には共産党に敗北し、台湾へと追われることになったのである。

当時、『ニューヨーク・タイムズ』（一九三八年一月九日付）は、「南京の戦いにおいて、日中双方ともに、栄光はほとんどなかった」と結論付けたが、まさにその通りであった。

第四章　南京／重慶国民政府の抗日戦争

国民政府という呼び方

国民政府というのは特定の時期、すなわち一九二五年から一九四八年までの中華民国政府の呼称である。しばしば誤解されるが、中華民国政府＝国民政府ではない。ある特定の時期の中華民国政府を国民政府という。それは、孫文の想定した政府のあり方に由来する。中華民国は本来共和制国家であるが、この国は直ちに憲法に基づく共和制を採用するのではなく、軍によって秩序を保ち政治をおこなう軍政、特定の集団が政治を司る訓政、そしてその上で憲法に基づく憲政へと移行するものである、と孫文は想定した。一九一九年に成立した国民党がこの考え方を採用したのである。

国民党は一九二四年に第一回党大会を広州で開催したが、この段階ではまだ訓政には至っておらず、一九二五年に広州で訓政に移行することを明確にした。これ以後、国民政府と名乗るようになった。国民党による指導がおこなわれる時期だということである。だが、この時に国際的に承認されていたのは北京にある政府であった。広州国民政府は国際的には承認されていない。彼らが北伐によって北京政府を倒して、一九二八年に統一政権になると、すでに南京に移動していた国民政府、すなわち南京国民政府が中国を代表するようになり、一九二九年から三〇年にかけて国際社会からも承認されたのだった。日本と戦争したのはこの南京国民政府であり、その政府は後述のように南京陥落後に重慶に移動した。これが重慶国民政府である。

ここで留意が必要なのは、国民政府自身が一九三七年には、憲法制定のための国民大会を招集していたということである。これは憲政への移行を意味していた。だが、抗日戦争を大きな要因として、この憲政移行が困難になった。その結果、抗日戦争期には、憲政への移行を求める声もまた強まったということがある。この点で、国民政府は総動員体制に基づく抗戦を遂行するとともに、憲政移行への声にも応えねばならないという二重の足かせを負っていた。

一九四五年九月に日本に勝利すると、重慶国民政府は再び首都南京に戻る。そして、一九四七年に新しい憲法が公布、施行された。一九四八年五月二〇日、新憲法に基づいて中華民国政府が組織され、国民政府という呼称は使用されなくなった。これは訓政が終了し、憲政に移行したことを意味した。日本では、戦後になって台湾に移った中華民国政府を国民政府と言ったこともある。また、中国共産党は一九四七年の中華民国憲法を承認しないので、中華民国の憲政への移行を認めないことから、政治的な意味をこめて敢えて一九四八年以後も国民政府と呼称した。だが、日本の歴史学では「自称」が重視されることが多く、昨今では特に一九四八年以降には国民政府という呼称は用いないことが多い。

国民政府、抗戦開始

一九三七年七月七日に北京（当時中国では北平といった）で盧溝橋事件が起きたが、日中ともにこれを日中戦争の勃発とは認識していなかった。だが、華北で日中間の小競り合いが続き、日本国内で軍の動員がかけられていることが中国で知られると、いよいよ中国でも全面戦争への機運が高まった。七月一七日、蔣介石は各党派の人士を前に「万が一最後の関頭に至ることが不可避になれば、我らはただ犠牲あるのみ、抗戦あるのみだ」という、のちに「最後の関頭」演説として知られる演説をおこなって士気を鼓舞していた。七月二〇日を過ぎると、日中は次第に全面戦争の準備をおこなった。

七月末、日本軍が北京を占領するなど、日本が華北への侵出を強化すると、八月一三日国民政府軍は上海で日本側を攻撃（第二次上海事変）、本格的な「抗戦」を開始した。八月末、国民政府は全国徴兵令を発布し、また上海周辺の工場や熟練労働者の奥地への移住を実施した。国民党では、戦下での特別組織として国防最高会議が組織され、この会議で政策決定がなされるようになった。

当時、中国共産党は延安を根拠地とし、長江以南にも拠点を有していた。一般に一九三六年一二月の西安事件以後、第二次国共合作に向かって両党が動き出したかのように言われるが、実際には協力の条件をめぐる交渉が続けられていた。第二次上海事件以後、国共両党は歩み寄りを見せ、延安周辺の共産党軍が朱徳を総司令とする第八路軍、また長江以南に分散していた共産党軍が新四軍として再編された。これらはいずれも国民革命軍の一部として位置付けられたのである。共産党は国共合作宣言を発し、九月二三日には蔣介石もその受け入れを内外に宣言することで、「国共合作」が実現した。共産党は、あくまでも国民党と対等な立場であることを強調し、党内の事項への国民党の干渉を拒否した。

なお、盧溝橋事件、第二次上海事変を経ても、日中双方は宣戦布告をおこなわなかった。日本側についてはアメリカ中立法を意識してのことともされるが、中国側は盧溝橋事件後も和平のための外交ルートを残そうとしたという面、また宣戦布告をしあって戦時国際法が適用されると、日本海軍によって中国沿岸部が封鎖されて対外貿易が途絶し、抗戦が難しくなるという面などが想定されたためであったとされる。

一九三七年八月一三日の第二次上海事件発生からの四カ月、上海から南京に至る地域で戦争が生じた。これを上海戦（淞滬戦役）とよぶ。そして、一二月一三日、日本軍が首都南京に入城した。日本軍の兵士が城壁で万歳している写真が広く知られている。この日は、八月一三日から数えて四カ月後であった。日本は上海戦で苦戦し、漸く中華民国の首都を占領したのである。

この南京占領前後には南京事件が発生した。この事件では、数については多くの議論があるが、極めて多くの一般住民と捕虜が犠牲になった。上海から南京への進軍に多くの時間を費やしていたこと、中華民国の首都の南京を占領することで戦争が終結するとの期待があったこと、そして職業軍人を中心とする師団を対ソ戦に温存しようとした日本軍が、予備役や後備役兵の軍人を中心とする編成部隊であったために軍規が乱れがちであったこと、などがその原因として指摘されている。たとえば、投降した兵士を捕虜とはしないで、給費不能を以て殺害したことなどはその一例だとされる。

現在、中国では三十数万人が南京で殺害されたとしており、この日を南京大虐殺犠牲者国家追悼日として、毎年記念行事をおこなっている。一二月一三日を日本軍の対中侵略、また日本軍の残虐性を示すシンボルとしているといえよう。また、この上海戦に際して二人の日本人将校が「百人斬り」と称した競争をしていると『東京日日新聞』が報じた。現在の中国ではそれを教科書に掲載するなどして、南京事件と同様に日本軍の残虐性を示すものだとしている。

この「百人斬り」事件に関し、実際にそのようなことがあったのか否かについての真偽は定かでない。だが、確かなことは、『東京日日新聞』がこれを報じ、それを読んで消費した読者がいたということである（無論、好んで読まなかった読者もいるであろう）。戦争とメディアの関係もまた重要な課題である。

蔣介石も認識していた農村の重要性

日本軍の南京入城の数日前、蔣介石は南京を離れており、一三日は現在ダムで知られる湖北省の三峡にいた。蔣介石が南京事件のことを知るのはのちのことで、『蔣介石日記』には一九三八年一月二二日に「倭寇（日本）の南京での残忍と姦淫が未だに已まない」と記している。

国民政府は一九三七年一一月二〇日にはすでに重慶への遷都を発表していたものの、実際には一部の政府・党機能しか重慶には遷らず、武漢が事実上の戦時首都となった。一二月一六日、蔣介石は武漢で「わが軍の南京撤退について国民に告げる書」を発し、断固たる抗戦の意思を語り、抗戦勝利への展望を語った。

「敵の中国侵略にはもともと鯨呑と蚕食の二つの方法がある。今彼らはその暴力をふるってわが南京を陥れたが、今後はさらに凶焔をふるい、中国征服の野心をすべて恣にするだろう。中国に対して蚕食ではなく、鯨呑しようとしていることはすでに事実から証明された。中国自身についていえば、恐れるべきは鯨呑ではなく蚕食である。（中略）だから、抗戦全体のため、最後の勝利を図るためには、今日の情勢はわれわれにとって有利だということができる。さらに、中国は持久抗戦をするのであり、その最後の決勝の中心地は南京にないばかりか、そもそも大都市にはなく、実に全国の農村と広大強固の民心にかかっているのだ」（蔣介石「わが軍の南京撤退について国民に告げる書」野

村浩一ほか責任編集『新編原典中国近代思想史6　救国と民主』岩波書店、2011、三〇―三一頁。日本語訳は土田哲夫による）

蔣介石は日中戦争が全面戦争となっていくこと、またこの戦争が長期戦になることを意識していた。文中にある持久抗戦、農村や民衆の意思の重要性は、毛沢東が唱えたことであるように言われるが、蔣介石もまたほぼ同様のことを戦争の初期段階から唱えていたのであった。蔣介石は一二月一五日の日記で、「南京が陥落してから、日本と和議を図るのか、戦争を続けるのかという選択の問題が様々現れている。もし、自らの決心を宣言しなければ、事態を支えきれるものではないだろう」と記している。

日本との抗戦への決意を宣言した蔣介石であったが、実は駐華ドイツ大使のトラウトマンを通じた和平工作が進められていた（トラウトマン工作）。だが、この工作は失敗した。一九三八年一月一六日、日本は「国民政府を対手（あいて）とせず」という有名な近衛声明を発した。これは、トラウトマン工作の事実上の終焉も意味していた。この日、蔣介石は日本が再び同様の厳しい講和条件を繰り返すのなら、それを拒否するとトラウトマンに伝えていた（「一月一六日」、『蔣介石日記』）。また、近衛声明については、国民政府を「対手」としないというだけで、「否認」できていないと一笑に付している

（「一月一七日」、『同』）。

一九三七年末に事実上武漢を拠点とした国民政府であったが、一九三八年三月末から四月初旬にかけて山東省南部の台児荘（徐州の東北に位置）で日本軍を撃退するなど一定の戦果を挙げた。ちょうどその頃、三月二九日から国民党は臨時全国大会を武漢で開催した。ここでは、新たに国民党総裁職が設けられ、蔣介石が総裁に、汪精衛が副総裁となった。これによって蔣介石の党内での地位が確立したとみてもいいだろう。また、この会議では抗戦建国綱領が採択され、全国団結、持久抗日への道筋が示された。これは第二条の「全国の抗戦諸勢力は、国民党および蔣委員長の指導の下、その全力を集中させ、奮励邁進すべきである」という条文にしめされている。しかしながら、第一二条「国民の参政機関を組織し、全国の（抗戦）勢力を団結させ、全国の思慮、識見を集中させることによって、国策の決定と推進に利する」であるとか、二六条「抗戦の期間、三民主義の最高原則や法令に違反しない範囲で、言論、出版、集会、結社に対して、合法的な十分な保障を与えるべきである」という条文もある。これらは、単に抗日戦争に対して国民党の権限を強化し、国家の資源を国民党の資源の下に抗日に向けていくということが抗戦建国の基礎ではなく、同時に憲政に向けての道筋もまたそこに織り込まれていた、ということになるだろう。

このような潮流は、一二条を踏まえた国民参政会の設置となって現れたのである。これは国民党だけでなく、様々な党派の代表を含んだ民意代表機関であった。

国民参政会と共産党

一九三八年四月、山東省南部の台児荘で勝利した中国側であったが、日本軍は中国軍が徐州に集結していること、また華北と華中の打通を図るため、同年五月徐州作戦をおこない同地を占領した。徐州を離れた中国軍を追うように日本軍は河南に展開したが、中国軍は黄河の堤防を自ら爆破するなどして日本軍の南下を防ぎ、日本軍は鄭州への侵出をいったん断念した。蔣介石はまさに国土を焦土と化してでも日本軍の展開を防いだ。これは蔣介石の持久戦論に基づく焦土戦だった。日本軍は当初の計画よりも一カ月遅れて武漢攻略へと向かった。

その武漢では、日本軍の攻撃が始まる前の七月、第一期第一回国民参政会が開催された。国民参政会は立法機関ではなく、参政員が選挙で選ばれるわけではないが、国民党が圧倒的多数を占めたとはいえ、毛沢東ら七名の共産党員をはじめとする各党派の代表を含み、政府の重要政策にはこの国民参政会の決議が必要とされ、政府への建議をおこなうこともできた。中国近代史研究では、一般に中国の抗戦体制を単なる強制的戦時動員、国民党の一党独裁強化としてみるのではなく、この国民参政会にあるように、「憲政」への道筋を示す「民主」への方向性もあった、と理解することが少なくないのである。あるいは、国民党は、最終的にこの「民主」への方向づけに失敗していった、と見ることもできる。ただ、この国民参政会は、国民党が圧倒的多数を占め、共産党員が七名（毛沢東や王明ら）、そして青年党や国家社会党などの少数政党も含まれていた。

当時、共産党は晋察冀辺区（華北地区の抗日根拠地）の建設を進めていたが、党の内部では国民党との統一戦線について意見がわかれていた。毛沢東は、独立自主の遊撃戦、つまり国民党に対して独立した作戦行動が採れるという認識であったが、それに対して王明は国民党との統一戦線論を主張し、かつ国民党を抗日戦争の主力とみなそうとしていた。毛沢東は、一九三八年五月から六月にかけて、「持久戦を論ず」などにおいて持久戦を主張していた。だが、持久戦は蔣介石もまた唱えていたのであった。毛沢東は世界革命を期待しつつも、国内の階級闘争を進めようとしていた。

武漢陥落と重慶への移動

一九三八年八月二二日、日本の大本営は武漢作戦を発動した。そして、一〇月二七日にはその武漢三鎮（武昌、漢口、漢陽）が陥落した。これにより、日中戦争は新たな局面を迎えることになる。日本軍は相前後して、広州などの沿岸部も占領した。これにより、重慶への支援ルートを抑えようとし、また東南アジアなどから沿岸諸都市を経由して届けられる華僑送金を掌握しようとしたのだった。

武漢が陥落した後、蔣介石は湖南へと撤退した。蔣介石は、一〇月二八日の日記で、「敵（日本）に対して宣戦するか否かについては、目下すでに海岸線が封鎖されているのだから、我が国は宣戦しても心配することがない。もし我が国が宣戦すれば、アメリカは中立法を施行し、日本側がアメリカから石油や鉄鋼を購入するのを断ち切ることができ、これは我が国に有利だ」などと述べている。

一九三八年一一月、湖南省の南嶽にて国民政府軍事委員会は軍事会議を開催した。ここでは、抗戦の第一段階である防禦段階が終了したと見なし、民衆を取り込んだ遊撃戦を主とする持久戦を採って守勢から攻勢に転じる第二期に入ることを企図したものだった。一般的に遊撃戦といえば共産党の作戦のように思われるが、国民党の側も遊撃戦を採用しようとしていたのであった。

一二月八日、蔣介石は四川省の重慶に移った。重慶国民政府の本格始動である。国民政府が再び首都南京に戻ったのは、一九四六年五月五日であった。

蔣介石が重慶を拠点としたのには理由があった。一九三一年九月一八日に起きた満洲事変に際して、蔣は「安内攘外」政策を採用した。これは、国内諸地域の軍事勢力や共産党を平定して国民政府の直轄支配地を増やしていくこと、つまり「内」を「安んじる」ことをまずおこない、それとともに日本への抗日戦争の拠点を築いた上で、あらためて日本との戦争をおこなう、つまり「攘外」をおこなうというものであった。四川省には劉湘という地方軍事指導者がいたが、国民政府はその劉に統治を委ねるかたちをとりながらも、四川省内での直接支配地を拡大することに成功した。共産党の勢力も四川にあったが、最終的に国民政府がほぼ直接管理できるようになった。そうした意味で四川省は、省建設の模範であったと言える。一九三八年一月二二日、その劉湘が死亡すると、蔣介石は腹心の張群を四川省政府主席とした。そして王纘緒を経て一九三九年九月からは蔣自身が省政府主席となった。四川省を拠点として抗日戦争を展開していく上での先頭に蔣介石がたったということであろう。

国民政府が重慶に移ると、多くの知識人や大学、そして工場なども重慶やその周辺に移った。知識人たちは、中国西南の四川省から中国を考える機会を（不本意であっただろうが）得ることになった。その結果、中華民族論であるとか、パンダも含めた辺境地域を意識した新たな中国のシンボルの形成など、新しいアイデンティティが掲載されていくことになった。

さまざまな和平工作

前述のトラウトマン工作は失敗に終わったが、これで日中間の和平工作が終わったわけではない。松岡工作や桐工作など、一連の和平工作が日中双方の働きかけでおこなわれた。中国側から見た場合、これらの中には蔣介石自身の直接指示に基づくものもあったし、必ずしも蔣の指示に基づかない孔祥熙らによるものまであった。

周知の通り、蔣介石は一面で日本との長期戦を想定していたが、それは将来的に日本がアメリカ、イギリス、あるいはソ連と戦争をはじめるであろうという期待をこめてのことであった。蔣介石は単独で日本に勝利するというよりも、日本が欧米列強と対立することによって、大局的に勝利することを想定していた。それだけに、日本との和平交渉もそうした世界情勢の進展をその背景としていた。

一九三八年の和知鷹二大佐（当時）と蕭振瀛・元天津市長との交渉と、一九四〇年の和知鷹二少将（当時）と張季鸞・大公報主筆との交渉の二つは蔣介石が直接指導したものだと岩谷將は指摘している。そして、三八年の和知と蕭とによる香港での和平交渉でも、蔣介石は欧州での戦争勃発がなければ和平交渉を進めても良いという判断をしており、実際にこの交渉は、九カ国条約などで列強の対中政策の原則として示された中国の領土保全などを確認した上で、現実的な部分については盧溝橋事件以前の原状復帰を条件としていた。日中双方がこれらの条件を受け入れ、交渉は妥結するところまで進みそうになった。だが、三八年の交渉は頓挫した。それは、同じ頃に日本が広州上陸作戦を敢行したからであった。一一月三日、日本は第二次近衛声明を発し、東亜新秩序を提唱して汪精衛との連携を模索するようになった。一二月一八日、それに呼応するかたちで、汪は重慶を脱出した。

一二月二二日、近衛首相は第三次近衛声明を発して、中国に対して講和を求めた。だが、同月二六日に蔣介石は重慶の国民党中央党部で演説して日本に対して徹底的に批判を加えたのであった。そこで蔣介石は、「われわれのこの抗戦は、わが国にとっては国民革命の目的を達成し、中国の独立と自由平等を求めるためのものであり、国際的には正義を守り、条約の尊厳を回復し、平和と秩序を再建するためのものである」と述べ、抗戦の正義を訴えたのだった（蔣介石「敵国の陰謀をあばき、抗戦の国策を明らかにする（抄）」野村浩一ほか責任編集『新編原典中国近代思想史6　救国と民主』岩波書店、2011、一〇八頁。日本語訳は土田哲夫による）。

国防最高委員会の設置と総力戦

一九三九年一月、国民党は第五期第五回中央委員会を開催し、党・政府・軍の指導を統一する国防最高委員会を設置した。その委員長には蔣介石が就任し、二月二七日に発足した。この委員会の設置により、「一人の指導者、一つの主義、一つの政党」（異党活動制限辦法）というように、中央集権がいっそう強化されることになった。

だが、総動員体制を実際に機能させていく上ではただ中央の権力を強化するだけでなく、社会の側の協力を取り付けていかねばならなかった。国民政府は、地方軍事勢力の地盤であった省政府の力を削ぎ、県政府に一部の権限を委譲し、また保甲制を基礎として社会の末端からの動員を可能とした。これは中央政府から県まで支配を及ぼしていくことを意味した。

戦争下で総動員体制を採用するに際して、日本は戸籍や地籍など戦時徴発の基礎となる制度が末端まで整備されていた。中国では、一九三三年に兵役法が、また一九三七年八月には国民徴兵令も公布されてはいた。しかし、これらは実態としては機能していなかった。日本の徴兵制は戸籍を基礎としていたが、国民政府からすれば抗日拠点とした四川省においてでさえ、末端まで把握できる戸籍などは完備されていなかった。そのために、県から末端の保甲へと人数を振り分けて動員せざるをえなくなったのである。だが、募兵制度にも限度があり、半ば強制的な徴発もなされ、一九三九年からは四川で抽選方式による徴発がおこなわれた。抽選に際しては、有力者の子弟が対象からまぬがれたり、賄賂が使用されたりしたので、公平性に対する不満が抱かれた。日中戦争中の国民政府による総徴発兵数は一〇〇〇万以上とされ、四川省だけでも二〇〇万強だったとされる。

また、物資や資源の総動員体制も困難をきわめた。そもそも、中国経済の中心は基本的に上海あるいは沿岸部であり、「大後方」と言われた四川省など内陸部は、特に工業生産からみれば決して抗戦を支えるだけの生産力を有していなかった。そこで、国民政府資源委員会の役割が重要となり、四川省、貴州省、雲南省で重化学工業建設をおこなうとともに、タングステン、アンチモンなどのレアアースを採掘して資金源とした。このほか、一定数の産業施設や労働者も四川省などに移動していた。

しかし、このような政策だけで抗戦を支える産業基盤が形成できるわけでなく、列強の援助に頼ることになった。まず、周辺地域との間に「援蔣ルート」とされる輸送ルートの開発が進められた。雲南からビルマへの道路開通、ベトナムから雲南、ソ連から新疆への輸送ルートの確保が急がれた。また、通貨の安定のために、一九三九年以降、米英から巨額の借款が供与された（アメリカから六億二〇〇〇万ドル、イギリスから五八〇〇万ポンド）。しかし、生活物資の絶対的な不足とインフレーション、それに伴う汚職は後を絶たず、国民政府への反発は強まった。

国民政府の四川省依存と重慶空襲

国民政府が四川省を拠点としたこと、また日本が沿岸部の主要港湾を封鎖、占領したことは、国民政府の財政にも大きな影響を与えた。特に、関税収入が減少し、また華僑送金の手数料収入も減少したことが打撃となった。中国は一九三〇年に関税自主権を回復していたが、関税は国内産業の保護育成を進めただけでなく、関税収入は国民政府の主要財源のひとつとなっていた。

そうした中で国民政府が注目したのは田賦（土地税）であった。一九三〇年の財政委改革以降、国民政府は田賦や営業税の国地劃分（国家と地方［省］との間の税の取り分の明確化）を通じて近代財政制度を確立しようとした。だが、抗日戦争を進める中で、国民政府は田賦を再び中央財政に移管し、それに合わせて銀納から現物納に切り替えたのであった。田賦は、重慶国民政府の主要財源となった。しかし、実際には「土地陳報（土地自己申告）」に基づいた納税がなされるなど、不正や不公正が多々見られ、時には徴税者による強制買い上げや徴発行為もおこなわれた。それに対して、大地主は糧食を秘匿して供出しないなどの対策をとり、それが穀物価格上昇の原因ともされた。これらもまた、国民政府が抗戦において四川省に依存しつつ、その行政が末端まで及んでいなかったために生じた問題であった。

一九三九年、日本軍は江西省の南昌を占領し、また湖南省の長沙作戦を実施するなどして重慶国民政府に圧力をかけた。そして、日本は重慶に対する爆撃もおこなったが、一九四〇年以降には特にそれが激しく、事実上の無差別爆撃となった。一九四〇年六月一三日の『蔣介石日記』には、「昨日の重慶の爆撃はきわめて激しく、昨年の五月三日、五月五日よりも大きかった」と記されている。このころには、湖南省での戦局が厳しいうえに、ベトナムからの輸送ルートが滞り出したことを蔣介石は憂慮していたが、重慶爆撃は抗日戦争体制を揺るがす大きな問題であった。

前述のように、国民政府の抗日体制は一面で権力を中央に集中させる戦時動員体制でもあったが、同時に民主化を実現していくことも求められていた。一九三九年には第四回国民参政会が開催された。そこでは憲政を求める声が高まり、憲政を求める運動へと結びついていった。だが、戦時体制を強化する国民政府は、次第にそれを妨害していくことになるのだった。一九四二年三月に国民政府は国民参政会を改組し、国家総動員法を公布することになった。

日本の仏印進駐と宣伝戦

日本軍は当初短期決戦で中国側の戦意を喪失させて勝利をおさめるつもりであったが、中国側は持久戦を以てそれに応じた。日本軍は、一〇〇万前後の兵力を中国大陸に注ぎ込んだが、それでも中国側の降伏を得ることができなくなった。中国側の持久戦略に日本側が応じることになったのだが、かといって中国側もそれで勝利を得られるわけではなかった。

そのため、戦線は基本的に膠着するようになり、日本側は最前線をのぞいて現地政権を通じて占領地を統治することになった。その結果、中国大陸には、重慶国民政府の統治空間、中国共産党の統治空間、そして日本軍および日本占領下の現地政権統治空間などに分かれることになった。

だが、戦局がまったく膠着したわけではない。一九四〇年には、日本軍は湖南に兵を進め、また九月には北部仏印に進駐して仏領インドシナ方面から重慶への軍事物資輸送路を遮断し、またビルマからの滇緬公路も封鎖した。この年には大韓民国臨時政府も重慶に移って抗日戦争を国民政府とともに進めるとしていたが、国民政府の抗日戦争はきわめて厳しい局面に追い込まれていた。だが、日本の北部仏印進駐はそれまで基本的に切り離されていた日中戦争と第二次世界大戦を結びつける結果となった。フランス本国がドイツに占領されたとはいえ、サイゴンの仏領インドシナ総督は、ドイツによる占領前のフランス政府、つまり連合国側のフランス政府から派遣されていたのであった。そのため、同年秋からアメリカ、イギリスの対日経済制裁、対中支援が強化されることになった。

他方、日中戦争では多様なメディアによる宣伝戦も見られた。満洲をはじめ華北、江南、沿岸部などを占領した日本は、中国大陸や世界に向けてラジオ、ポスター、ビラなどさまざまなメディアを用いた宣伝をおこない、自らの中国統治を正当化しようとした。中国側もそれに応じ、中波、短波放送を利用して、重慶から中国内部また海外に対する放送をおこなったり、日本軍に降伏を促すビラを撒いたりした。また、一九三八年には中国側飛行機が熊本県でビラを撒いたことが知られている。

ラジオなどを通じた宣伝戦は、さながら電波戦争とでも言えるものであり、双方が放送をおこない、また相手の放送を傍受した。外交関係が断絶する中で、ラジオ放送は双方のコミュニケーションの場でもあった。そこでは、日露戦争に関する歴史認識（正義の戦争か、侵略戦争か）といった論争や、日本軍は都市部と鉄道沿線しか占領していないという「点と線」論など、中国側から日本への批判が見られた。

中国共産党の抗日根拠地

中国共産党は各地で遊撃戦を展開していたが、その根拠地が一定の面積を得ると、そこは「辺区」と呼ばれた。延安周辺も、陝甘寧辺区の一部であった。この辺区は重慶国民政府の管轄下にありながら、実際には共産党が統治する場であった。共産党はあくまでも重慶国民政府の下で抗日戦争を展開しており、コミンテルンも中国共産党には重慶の意向に沿うように指示していたが、前述のように毛沢東は共産党の重慶に対する独立自主を旨としていた。それだけに、辺区の拡大は重慶側との軋轢を生むことになった。一九四〇年頃までに辺区は一六を数えるほどになっていた。

重慶の国民政府もまた共産党を十分に信じることはできない状態にあった。先に述べた一九三九年一月の「異党活動制限辦法」も、「一人の指導者、一つの主義、一つの政党」を掲げて、共産党もまた国民党の指揮の下にあることを明示しようとしたのであった。

一九四〇年夏から冬にかけて、共産党は華北で百団作戦とよばれる大規模な作戦を展開した。蔣介石も同年八月二九日の日記で「共産党の抗日姿勢が積極的である」と評価している。しかし、「八路軍」によるゲリラ戦は日本軍にとっても難敵であったが、それによって華北の戦局が大きく動いたわけではない。また、共産党の勢力が拡大することは、国民党から見て攪乱要因でもあったのである。同年末から重慶国民政府は共産党の辺区への軍費の支援を停止するなどの措置をとったが、一九四一年一月になると、国民党側の制止を無視して、共産党の新四軍が移動したことを理由として、国民党軍が新四軍を武装解除させるという事件がおこった（新四軍事件）。この事件により、蔣介石の共産党不信はいっそう強まり、辺区への軍事的、経済的な制裁を強化した。共産党は、厳しい財政事情の中で、国民党の政治を独裁と批判し、国内の憲政を求める動きと連動しながら、重慶の国民党に敵対していく姿勢を明確にしていった。そして、国民党からの圧迫を梃子にして共産党内部の結束を強め、毛沢東への権限集中をはかっていくことになった。

太平洋戦争の勃発と日中戦争

一九四一年一二月八日、日本が真珠湾およびマレー半島を攻撃し、対英米戦争を開始した。重慶国民政府は一二月九日に対日宣戦布告をおこなった。蔣介石は日記に「これ（日本が対米宣戦布告し、それに合わせて中国も日本とドイツに宣戦布告したこと　筆者注）こそ、抗戦四年半の最大の効果であり、また唯一の目的であった」と記している（「上週反省録」）。

これに対して、すでに汪精衛を首班とする南京の国民政府を承認していた日本は対中宣戦布告をおこなわなかった。当初、日本はシンガポールを攻略するなど優勢であったが、一九四二年にはすでに劣勢に立たされていった。一九四二年秋、日本軍は重慶攻撃を計画したが、最終的にはそれを断念した。太平洋戦線で苦しむ日本軍は到底中国戦線を拡大できなかったのだろう。

しかし、重慶国民政府も大変厳しい状態にあった。第二次世界大戦と日中戦争が結びついた結果、中華民国は連合国軍の四大国の一つになった。一九四三年に入ると対英米治外法権撤廃に成功し、一一月のカイロ会談などはアヘン戦争百年を経た中国外交の一大成果だった。だが、中国国内では国民政府への不満が深まっていった。政府関係者による不正、汚職の横行、蔣介石に対する独裁との批判、さらには経済のインフレなど、さまざまな不満が社会から噴出していった。これらの不満が共産党という受け皿に集約されていくことになるのであった。

第二部　戦争の広がり

第五章　第二次上海事変と国際メディア

盧溝橋事件、及び第二次上海事変勃発当初は、国際メディアは比較的冷静で客観的であったが、その後早い時期から変化が見られ、日本に対する批判、中国に対する同情が高まり、日本の孤立を招いていった。

そこで本章では、第二次上海事変に対する国際メディアの論調、及び日中両国の対応と日本側の問題点について、特にアメリカを対象として考察したい。

当初は日本にも好意的だった国際世論

一九三七年八月に生起した第二次上海事変は、第三章でも述べたように、蔣介石が主導的に導いたものであった。勃発直後の国際メディアでも、その原因として蔣介石の意図・計画性に言及するなど、客観的な報道も見られた。

例えば、『ニューヨーク・タイムズ』(八月一五日付)は、「上海における中国の空爆により六〇〇人が殺され、外国人犠牲者の中に三人のアメリカ人」「中国軍機の爆弾投下により、上海は殺戮と破壊の舞台となった」といった見出しで報じていた。『東京朝日新聞(八月一九日付)』も、やや誇張はあるものの「支那兵は鬼畜の徒　米国各紙大々的に報道」と伝えていたのである。

さらに、『ニューヨーク・タイムズ』(八月三一日付)は、盧溝橋事件において日中いずれに開戦の責任があるかについては意見が分かれるとしたうえで、以下のように記していた。

「上海の開戦に関しては、記録は唯一の事実を実証している。日本軍は、上海で戦闘が繰り返されることを欲しておらず、我慢と忍耐を示しながら、事態の悪化を避けるために、なし得べきすべてのことを行った。しかし、外国の租界や権益をこの衝突に巻き込もうという意図があるように思われる中国軍によって、日本軍は文字通り衝突へと追い込まれていったのである」

また、同紙の特派員ハレット・アーベントは、日本軍はわずかな兵力しか配置されていなかったため、揚子江の畔まで追い込まれ河に転落する直前の危機的状況であったと

"All the News That's Fit to Print"

The New York Times.

LATE CITY EDITION

Section 1

VOL. LXXXVI....No. 29,055. NEW YORK, SUNDAY, AUGUST 15, 1937. TEN CENTS

DEWEY WILL ENTER REPUBLICAN RACE; SCORES TAMMANY

BACKED BY FUSION

Racket Foe Says Crime Link in Tammany Led to Decision

HE PRAISES LA GUARDIA

LEADERS PREDICT VICTORY

LEVANEVSKY DOWN IN ARCTIC WASTES; PLANES SEEK HIM

Soviet Aviator and Five Aides Report One Engine Dead and Trouble With Their Radio

MATTERN JOINS THE QUEST

Major Sports Results

PAINTER, 57, ADMITS KILLING GIRL OF 4

TRAPPED BY A CHAUFFEUR

CONGRESS WIND-UP IN A WEEK LOOMS AS WAGE BILL DIES

Bankhead Holds the Measure Hopelessly Blocked in House Committee for Session

LITTLE WORK NOW IS LEFT

CHINESE AIR BOMBS KILL 600 IN SHANGHAI; 3 AMERICANS AMONG THE FOREIGN DEAD; HULL SENDS PLEA TO CHINA AND JAPAN

WASHINGTON ACTS

Hull Urges Shanghai Not Be Made Theatre of Operations

ROOSEVELT GETS REPORT

BRITISH TO STAY NEUTRAL

CENTERS OF DESTRUCTION IN SHANGHAI

WARSHIPS TARGETS

But Airplanes' Missiles Fall in the Center of Crowded City

TWO BIG HOTELS DAMAGED

TYPHOON CAUSES A LULL

TOKYO HELD READY FOR A CHINESE WAR

STRONG ACTION PLANNED

AMERICANS LEAVING ZONES UNDER FIRE

U. S. GUARD STRENGTHENED

『ニューヨーク・タイムズ』1937年８月15日付。右上の見出しには「上海における中国の空爆により600人が殺され、外国人犠牲者の中に３人のアメリカ人」とある

THE NEW YORK TIMES, SUNDAY, AUGUST 15, 1937.

Shanghai Is a Scene of Slaughter and Ruin as Chinese Planes Unleash Bombs

JAPANESE POURING TROOPS INTO NORTH

NANKOW PASS IS UNTAKEN

WHERE HUNDREDS WERE KILLED YESTERDAY BY AERIAL BOMBARDMENT

AERIAL BOMBS KILL 600 IN SHANGHAI

ALL JAPAN UNITED BY CRISIS IN CHINA

WILL SEEK CHINA'S AMITY

Powers' Troops Entered Peking 37 Years Ago

2 TO DIE FOR JAPAN REVOLT

CHINA'S AIR FORCE IS PUT ABOVE 400

DISCIPLINE IS RIGOROUS

同日の同紙別面。一番上に「中国軍機の爆弾投下により、上海は殺戮と破壊の舞台となった」との見出し

指摘したうえで、日本軍が上海を攻撃したといった報道が当時なされたことについて、以下のように回想している（Hallett Abend, *My Life in China 1926-1941* (New York: Harcourt, Brace and Company), 1943)。

「それは、日本の意図や事実からも大きくかけ離れている。日本軍は揚子江流域での戦闘を欲しておらず、予想もしていなかった。一方、蔣介石は、揚子江で戦うために巧妙に準備しており、それによって、国家規模の抵抗を喚起すると同時に、日本軍の華北における作戦の希望を打ち砕こうとしたのであった」

事実、アメリカ国務省も、中国は、外国に対する「広報効果」があるとの判断から、主戦場を華北から上海に移したとその意図を分析し、上海で開戦を決定したのは日本ではなく中国であると認識していたのである（高光佳絵「ホーンベック国務省政治顧問の対日強硬化とアメリカの日中戦争観　１９３７―１９３８年」服部龍二ほか編著『戦間期の東アジア国際政治』中央大学出版部、２００７)。

しかし、こういった論調も、徐々に変化していき、日本に対して厳しいものが散見されるようになっていった。

在ロサンゼルス太田一郎総領事は、広田弘毅外相に宛てた報告（一九三七年一一月六日付）において、勃発当初は冷静で事変の解決と鎮静化を願う論調であったものが、「事変漸ク長引クノ兆見エ来レルニ加ヘ新聞紙ノ報道振リ著シク弱者ニ対スル同情誘発ニ傾キ一般米人ノ漠タル人道主義的センチメントヲ漸次凝固セシメ来レル」と指摘していた。

その契機となったのが、日本海軍航空部隊による渡洋爆撃であった。第三章で見たように、海軍の爆撃は、海軍特別陸戦隊の援護、陸軍の上陸作戦の支援など軍事的に一定の成果をあげたが、高松宮など国内にも批判的見解が散見された。

三七年九月二八日には、国際連盟総会において、日本軍の都市爆撃に対する非難決議が全会一致で採択されるに至るが、日本海軍による爆撃が、対日批判の材料を提供していった点は否定できない。

圧倒的な効果をあげた「悲惨な写真」

第二次上海事変に対する外国メディアの報道の特色として、以下の四点が指摘できる。

第一に、事変の原因は日本であるとして、日本による「侵略」に対する批判である。

第二に、日本軍の空爆に対する非難であり、一九三七年八月の早い時期から報道され始めた点は注目される。報道写真、ニュース映画、写真雑誌・画報などを通して、民間人殺害の惨状が伝えられることにより、アメリカ国民は「蛮行」と非難していったのである。このように、日本軍の爆撃に対する批判は大きな影響を及ぼし、例えば外務省東亜局が作成した「昭和十二年度執務報告（昭和十二年十二月）」には、以下のように記されていた。

「其ノ後南京、漢口、広東等各都市並粤漢、広九鉄道等ノ空爆頻リナルヤ英国世論ハ支那側ノ虚構乃至誇大ノ宣伝、『ルーター』ノ『デマ』等ニ依リ日本非難ノ声益々激化スルニ至レリ」

一方、報道の中には、中国側の宣伝による誇張や捏造も散見された。例えば、旗艦「出雲」爆撃の際のキャセイ・ホテルやフランス租界に対する中国軍の誤爆が、日本軍によるものとされたケースなどがあった。

『ニューヨーク・タイムズ』（一九三七年八月二七日付）は、「中国の検閲官は、発出された外電やラジオ放送から既出の事実や意見を削除した。さらに、外電のニュースを書き換えることさえしたのである。それは、上海の外国人官吏の心の中に、爆弾がおそらく日本軍の飛行機から投下されたのではないかという疑念が存在しているらしいと思わせるためであった。しかし、これは明らかに真実と異なる」

また、先のフランス租界の件について、アーベントは、「日本人に対して公平に評すれば、三カ月間の国際居留地区とフランス租界に対する爆撃は、すべて疑いもなく中国軍のパニックと未熟さが責を負っていると言わねばならない」と述べていたのである（Abend, *My Life in China 1926-1941*）。

このような誇張・捏造された報道に対しては、外務省は頻繁に外国人記者団に抗議を行っていた。例えば、九月下旬のロイター通信、『サウスチャイナ・モーニングポスト』紙などによる南京・広東爆撃における非戦闘員殺傷の「誇張」報道について、九月二九日河相達夫外務省情報部長は、非戦闘員を攻撃目標とすることはないとした上で、以下のように述べていた（外務省情報部「支那事変関係公表集第一号（昭和十二年十月）」）。

「支那側ノ虚構宣伝ハ、最近愈々甚タシク日本軍ニヨル非戦闘員ノ大量虐殺、病院、学校ノ破壊等ヲ放送シ、蔣介石夫人モ『プロパガンヂスト』トシテ暗躍シテイルカ、支那側ニ於テ斯カル宣伝ヲ用イルニ至ツタコトハ、我軍事行動、殊ニ軍事施設ニ対スル空爆及沿岸航行遮断ニヨリ日本ニ対抗スル望ミヲ失ツタニ外ナラナイ」

第三に、悲惨な写真の駆使であり、これが圧倒的な効果をあげた。外務省情報部の

「昭和十三年度執務報告（昭和十三年十二月）」は、アメリカの画報では、日本軍の暴挙を捏造する「反日的写真」が頻繁に掲載され、日本に対する世論を刺激していると指摘したうえで、「殊ニ米国最大ノ『ニュース』写真画報タル『ライフ』ノ如キハ従来相当峻烈ナル反日写真及記事ヲ掲載シ居レル……各国ニ於ケル写真画報ハ当該国ノ世論ニ対シ至大ノ影響ヲ与フルモノニシテ」と分析していた。まさに指摘の通り、アメリカにおいて、『ライフ（LIFE）』は反日イメージの形成において大きな役割を果たしていた。代表的な写真が、いわゆる「上海駅頭の赤ん坊」で、〝THE CAMERA OVERSEAS: 136,000,000 PEOPLE SEE THIS PICTURE OF SHANGHAI'S SOUTH STATION〟と題して一〇月四日号に掲載された。

それは、日本軍によって空襲された上海近郊と思われる駅で一人泣き叫んでいる赤ん坊を写したもので、ニュース映画の一コマであったが、写真にプリントされ幅広く普及していった。「読者の選ぶ一九三七年ニュース物語ベスト10」（一九三八年一月三日号）に選ばれ、写真をきっかけとして、欧米では反日運動や日本製品不買運動が展開されるまでに至った。

『ライフ』は、ニュース週刊誌『タイム（TIME）』の経営者であるアメリカ人ジャー

Page 102

THE CAMERA OVERSEAS: 136,000,000 PEOPLE SEE THIS PICTURE OF SHANGHAI'S SOUTH STATION

After 16 Japanese bombing planes had flown home, Aug. 28, H. S. ("Newsreel") Wong, famous Hearst cameraman, was first to reach the dreadful scene at the Shanghai South Station. He got this picture-of-the-week—a Chinese baby amid the wreckage. A print of it was sent through International News Service to all Hearst newspapers, totaling 25,000,000 readers, and to 35 non-Hearst papers totaling 1,750,000. It went in a mat reproduction to 800 other papers in the U. S., totaling 4,000,000. To foreign newspapers International distributed the same picture, adding another estimated 25,000,000 readers. In the "News of the Day" newsreel, the sequence containing the baby was seen by some 25,000,000 movie-goers. Movietone News bought it, showed it to another 25,000,000. Together both newsreels are showing it to another 30,000,000 movie-goers abroad. This Chinese baby's potential audience: 136,000,000.

この写真が反日イメージの形成に大きな役割を果たした（『ライフ』1937年10月４日号）

ナリストのヘンリー・ルースが、三六年一一月に創刊した写真週刊誌である。ちなみに、ルースは、その後もニュース映画を製作するなど活躍したが、それは「野蛮な日本人に立ち向かう中国人の姿を映し出す。中国に対するアメリカ人の興味を呼び起こし、蔣介石に共鳴させるために、これほど有効な宣伝方法はなかったであろう」とまで評されたのであった（デイヴィッド・ハルバースタム『メディアの権力 1』筑紫哲也・東郷茂彦訳、サイマル出版会、1983）。

アイコン化した蔣介石夫妻

第四に、蔣介石夫妻の活用である。日本の軍国主義に対峙して戦う、民主主義のシンボルとして蔣介石が強調された。例えば、『タイム』（一九三八年一月三日号）は表紙に蔣介石夫妻を「一九三七年の最も優れた人物」として掲載、以後、表紙に四回以上登場している。そのカバー記事では、「蔣介石がより進歩的な世界を作るために中国人を団結させる卓越した指導力……疑いもなく彼は二〇世紀のアジアにおいて最も偉大な人物になるだろう」と紹介されていた（馬暁華2003）。

一方、宋美齢が、対外宣伝のシンボルとして果たした役割も無視できないものがあった。九月一一日、南京からの対米放送（NBC・CBS）は全米にラジオ中継され、流暢な英語により爆撃による犠牲、日本批判を展開したが、発言は翌朝の『ニューヨーク・タイムズ』にも再録されたため、その影響は大きなものがあり、「支那事変における対米宣伝のヒットは宋美齢」とまで評され、「対日感情は急激にこの日から悪化したという事であった」とまで指摘されたのであった（小松孝彰1939）。

バーバラ・タックマンは、上海防衛戦はアメリカ人の中国認識を大いに刺激し、中国は民主主義のために戦っているのであり、「堅忍不抜の総統と、目の覚めるほど魅力的な、アメリカで教育を受けた、恐れを知らない彼の妻がその象徴」といった像を通して、アメリカ人は意志が強く目的において統一された中国をイメージし、一旦定着したイメージは、上海での敗北という軍事的失敗や空軍の大失態にもかかわらず、損なわれることはなかったと述べていた（バーバラ・W・タックマン『失敗したアメリカの中国政策—ビルマ戦線のスティルウェル将軍』杉辺利英訳、朝日新聞社、1996）。

のちに、在ニューヨーク若杉要総領事は、宇垣一成宛ての報告（一九三八年七月二〇日）において、「当国大衆ニ対シ支那側ノ宣伝上最大ノ価値ヲ有スルハ蔣介石及Madame Chiang Kai-shek ノ名ナリ。彼等ハ『デモクラシー』ノ擁護者及或程度基督教ノ擁護者トシテ一般ニ受容レラレツツアリ」と分析していた。
一方、日中戦争に関連して外国新聞に掲載された風刺漫画は、日本の行為を批判するだけではなく、外国人の抱くステレオタイプ的な日本人像、例えば大きな眼鏡、下がり目、出っ歯といった日本人が、戦争という場を通してより赤裸々に描写され、より否定的な日本人への印象を形作っていった点も否定できない（清水勲、湯本豪一『外国漫画に描かれた日本』丸善、１９９４）。

内閣情報部、「写真報道事業」に着手するも……

先の赤ん坊の写真の効果は、当時の従軍カメラマンで、対外宣伝写真雑誌『NIPPON』を創刊した名取洋之助が、「日本もこれだよ。これをやらなきゃ世界が味方してくれんよ」（小柳次一・石川保昌１９９３）と指摘したように、日本にとって衝撃であり、これを契機に、内閣情報部は対外写真宣伝に着手することになった。ちなみに内閣情報部は、情報の収集・統制及び世論を掌握することを目的として、日中戦争の拡大を受けて、内閣情報委員会を改組・格上げのうえ、三七年九月に設置された機関である。

内閣情報部は、拡充早々の同年一〇月二〇日、「写真報道事業」と題した提言を行っている。先ず冒頭で、宣伝は、諸大国が国際舞台で戦うための「偉大な武器」「国防の手段」であるが、今日まで日本はあまり重視せず、ほとんど素人によってなされてきたと述べる。ついで、「乱暴な佯《いつわ》りの写真」「支那宣伝者の一片の騙りの写真」として、先の赤ん坊の写真に言及して、ローズベルト大統領らは、当初は平静かつ穏健であったが、「此の写真は、点火されたマッチの役目」を果たしたとして、以下のように指摘した。

「多年に亘る辛抱強い仕事の結果築き上げられた所の米国大衆の反日感情の火薬庫を爆発させた。此の爆発の恐るべき効果が明白になって来た時、ルーズヴェルトは、突如『廻れ右』をした。シカゴ演説を行い、ハルは其の後を承けて、日本を条約違反者とし、又侵略者として非難した」

こうした現状分析を踏まえ、アメリカの世論を支配しているのは、ヨーロッパや日本と異なり、知識階級ではなく大衆であり、その点を理解できなかったことが日本の宣伝がアメリカにおいて成功しなかった原因であると指摘している。そして、大衆への宣伝という観点から、「写真事業に於ける写真の威力は、米国に関する限り、其の特殊な活動の分野に於ては、大通信社、大新聞紙の報道よりも、更に有効的」であると提言していた。

　さらに、内閣情報部は、一九三八年二月には『写真週報』を創刊、七月には、日本を宣伝・広報する写真を外国に配信する写真協会が創設された。

　こうした事業の延長として、『JAPAN IN PICTURES（『アサヒグラフ海外版』）』（同年二月号）は、〝DOES THE CAMERA NEVER LIE?〟と題した記事を掲載、先の赤ん坊の写真の信憑性について疑問を投げかけた。

　この写真については、例えば、内閣情報部が刊行した『思想戦展覧会記録図鑑』（同年一二月）の「支那のデマ写真」と題した記事は、非戦闘員に対する爆撃の悲惨さを訴えるための写真が、「支那の抗日画報」に載り、外国にも送られたが、実は、「トタン屋根を無理に集めて、破壊の様を示し子供を一人置いた此写真の作為は余りにも見えすいている」と指摘、事前に工作していると思われる写真とともども掲載した。現在でも、「やらせ」ではなかったかとその信憑性について疑問が指摘されている（小柳・石川1993）。

米国世論は中国支持が圧倒的

対日世論が悪化した背景として、先ず、外国、特にアメリカにおける土壌を指摘することができる。従来、アメリカにおける中国のイメージは芳しいものではなく、特に義和団の乱を通して残虐・野蛮といった印象が強まっていった。しかし、辛亥革命を経て好転していき、特に第一次世界大戦以降、日本の大陸への進出という中で、弱者に対して味方するといった文脈で中国に同情的になっていった。

一方、多くのアメリカ人宣教師が中国に渡り、中国で生まれ育った子孫もいた。例えば、パール・バックやヘンリー・ルースである。バックが一九三一年に書いた小説『大地』はノーベル文学賞を受賞、映画化もされ、そこで描かれた厳しい環境の中でも高潔で忍耐強い中国人像は、アメリカ人に深い印象を与えたのであった。さらに、満洲事変や日本とドイツとの提携強化は、こうした傾向をより促進していき、日本にとって不利な状況となっていったのである。

また、ルースは蔣介石を支持していたが、中国共産党に近かったジャーナリストのエドガー・スノー（『極東戦線』『中国の赤い星』）やアグネス・スメドレー（『中国は抵抗する――八路軍従軍記』）の著述や記事も、アメリカ人の対中・対日認識に大きな影響を及ぼしていた。

一方、のちに報道部長となった馬淵逸雄少将は、「支那側の宣伝にとって都合のよいことは、日本が強いことに対する列強の嫉視である。外国が日本に好意を持たぬ結果であ」り、「我が軍が武力に於て勝てば勝つほど、世界の世論は支那に同情」することになったと指摘していた（馬淵逸雄１９４１）。特に、武力による勝利を重視する日本の姿勢は、外国の嫉視や反感を買う恐れがあった。

ちなみに、第二次上海事変勃発直前のアメリカの世論調査（一九三七年八月）では、日中戦争に際して中国支持が四三％、日本支持がわずか二％、中立が五五％であり（Hadley Cantril, Public Opinion, 1935–1946（Princeton University Press, 1951））、既に中国への支持が日本を圧倒していたのであった。

在ニューヨーク若杉要総領事は、宇垣一成外相宛ての報告（一九三八年七月二〇日）において、アメリカの大衆を最も満足させるのは「センセーショナリズム」と「センチメンタリズム」であるが、日中戦争における中国人の犠牲・苦悩はいずれの目的をも満たしており、したがって日本に不利な報道が横行し、「聴テ世論ニ重大ナル影響ヲ与ヘル」と分析していたのである。

このような状況において、日本にとり有効な方策は見当たらず、「事実米国に於ける抗日宣伝は日本としては手のつけ様が無かったのであらう」と指摘された（小松1939）。また、日本の外務省の顧問であったフレデリック・モアーも、「どのみち、まあナイヤガラ瀑布を押し止めようとするようなものですよ。どんなにたくさん日本人が金を使おうと、どんなに少く支那人が金を出そうと、結果は同じことだろう。アメリカ国民の同情は、やはり向うへ集まったままだろう」と述べていた（フレデリック・モアー『日米外交秘史』寺田喜治郎・南井慶二共訳、法政大学出版局、1951）。

ジョセフ・グルー駐日大使も、「彼らの基本的主題は日本が自衛上中国と戦っているというのだが、どんな風に表わそうと、こんな馬鹿なことに耳をかす米国人は一人もいはしない。米国人は先天的に中国に同情的であったし、現在とて同情的であるばかりか、ほとんど通常的に弱者に同情する」と指摘していたのである（ジョセフ・グルー『滞日十年　上巻』石川欣一訳、毎日新聞社、1948）。

宣伝巧者の中国

次に、宣伝に対する日中の考え方の相違が指摘できる。中国は、上海戦に象徴されるように、国際世論を味方につけるために、積極的に宣伝を活用した。馬淵大本営報道部長は、「白髪三千丈式の宣伝は、三国志以来の伝統であり、支那はすぐれた宣伝の国である。特に蔣介石は、『政治は軍事より重し、宣伝は政治より重し』と倣し、支那軍は戦争に負けても宣伝で勝てばよい、という信条を持っている」と述べていた（馬淵1941）。

中国は、第二次上海事変勃発直後から、国民党中央宣伝部が中心となって、外国、特にアメリカに対する対外宣伝活動を重視し、積極的に展開していた（中田崇2002）。中国側のパンフレットによれば、対外宣伝の指針として、①外国政府による正義の援助を求める、②長期にわたる日本の侵略を宣伝、③日本による中国滅亡の陰謀と日本軍の残虐行為の宣伝、④日本による外国権益破壊の意図の宣伝、⑤中国政府と人民による抗戦の決意の強調などが、重点分野として示されていた（小松1939）。

さらに、宣伝の手法（宣伝要綱）として、「一、人心に喰い入る宣伝を選び、且つ被宣伝者の直接なる利害に訴えること　二、宣伝は攻勢的で逆宣伝の利用を怠らざること　三、宣伝は抽象を避け凡て具体的たるべきこと」と謳われていたのである（馬淵1941）。具体的には、日本軍の爆撃による非戦闘員の殺戮、日本軍による戦争法規違反を批判すると同時に、誤爆や黄河の決壊など自国軍による行為を日本軍の責に帰する逆宣伝が積極的に行われた。一方、中国軍は「連戦連勝」で、例えば台児荘などでの戦闘は、「大勝利」であると喧伝された。

さらに、非戦闘員の無残な遺体の写真を活用して、日本軍の非人道性をアメリカ人の心に訴えかける手法も駆使しており、陸軍省新聞班「敗戦支那のデマ戦術」（『週報』一九三八年五月一八日号）は、以下のように指摘していた。

「婦女子小児のような所謂社会の弱者を利用する悪性デマを好んで使用するところである。子供を悪性デマに使用した実例としては、住民なき大都市街路上に置き去りにされている幼児が号泣母を求めつつある写真が盛んに使用された」

アメリカ側も、こうした中国の宣伝を政治的目的のために、積極的に受容、活用していった。中国政府に対する顧問団の一員として情報を担当していたセオドア・Ｈ・ホワイトは、以下のように述べていた（セオドア・Ｈ・ホワイト『歴史の探求―個人的冒険の回想　上』堀たお子訳、サイマル出版会、１９８１）。

「アメリカ言論界に対して嘘をつくこと、騙すこと、中国と合衆国は共に日本に対抗していくのだということをアメリカに納得させるためなら、どんなことをしてもいい、それは必要なことだと考えられていた」

日本が宣伝戦に失敗した要因

一方日本の宣伝に対する姿勢は、中国とは対照的に消極的であり、これが日本の失敗の一因でもあった。当時も、多くの識者によって、宣伝における日本の問題点が指摘されていた。

第一に、宣伝に対する日本人の国民性である。馬淵大本営報道部長は、以下のように指摘している（馬淵1941）。

「由来『ことあげ』せぬのは軍人の美徳とされ、国民性が淡白で、執拗に反覆したり、宣伝することを好まない。あくまで武力的勝利を重視するから、列強の嫉視、反感を買う惧れがある。他国の世論を有利に沸騰させるため、火のないところに煙を立てる寸法のデマ宣伝や嘘や法螺や弁明は、苟くも士の採るべき手段ではないと教育されていた日本人には、由来潔癖性があり、宣伝や広告をしないのが普通である」

さらには、石原莞爾は、「宣伝下手は寧ろ日本人の名誉」とまで述べていたのである（『石原莞爾全集　第二巻』石原莞爾全集刊行会、1976）。

このような国民性に加え、軍事的勝利に対する自信から宣伝を軽視していた面は、否定できない。特に、満洲事変以降、中国の宣伝を黙殺する傾向が強まっていったが、反論がなければ事実承認と見做されるのが国際社会の常識であった。

日中戦争勃発後、日本の立場をアメリカ国民に訴えることを目的に全米を回った代議士の中村嘉壽は、以下のように述べている（中村嘉壽『北米舌の聖戦』玉川学園出版部、1938）。

「私は現在の場合、支那が戦争の一部として日本の悪宣伝をするのは誠に已むを得ないとするも、日本が之を不問に付し何等の弁明に努めない事は大なる落度であると信ずる。故に、米国に於ける日本の不評判は、其一半は日本自らが負はねばならぬものである」

第二に、マス・メディアの特性に対する理解不足である。日本側の報道は、日本政府検閲済みの情報による公的かつ形式的なもので、極めて無味乾燥で時宜を失していた。一方、中国は、情報の出所は曖昧であるものの、内容はセンセーショナルなもので、大衆を強く魅了したのであった。さらに、日本側は、情報を極力制限したのに対して、中国側は積極的に情報の提供に努めたため、外国メディアは自ずと中国の発表を重用、情報を得るようになっていった。

当時アメリカを訪問した近衛秀麿は、「対米宣伝私観」（『東京朝日新聞』一九三七年一〇月二八日～一一月一日、五回連載）において、日本の対外宣伝は、中国に圧倒されており、方針を根本的に立て直す必要を痛感するとしたうえで、その問題点に言及している。先ず、日本の宣伝は、総じていえば形式的で文字ばかりに頼りすぎており、「実利的で然も他国人の趣味や情操を余りに無視し過ぎて居る」点を指摘する。

また、中国は、「日本軍にやられたと称する苦力の死体の山、頭を青龍刀で割られて脳漿の流れ出た死顔の大写し等々。自分を弱く見せる事にばかり腐心して居る」のに対して、日本の宣伝は、「城頭にはためく日章旗や威勢のいい行進と万歳ばかりだから、同情がひとりでに支那に集まるのは当然過ぎる」と述べていた。「〇〇占領、勝利万歳」といった日本軍の戦勝報道は、却って、外国に不快感を与え、「侵略」イメージの強化をもたらしたのである。

写真評論家の金丸重嶺は、中国が日本軍による惨状を報道するのに対して、日本は宣伝に対して厳正な態度を持っているためか、戦闘の一場面や堂々たる軍容の記録写真を発表していると指摘したうえで、「先ず国の体面を考えたり、引込み思案をしている間は、宣伝の十分なる行使はできないと思う」と、日本の宣伝のあり方を批判したのであった（金丸重嶺「戦争宣伝雑感」『広告界』一九三九年六月号）。

さらに、センセーショナルな第一報が及ぼした強烈な印象は、反論によっても完全に訂正されることは難しいという、プロパガンダの特性に対する理解不足もあった。宣伝戦や世論の専門家である小山栄三は、誇張や捏造の記事に関して、「然し常に第一報が大きく取扱われ後報は抹殺されるのが常だ。写真についても同様だ」と語っていた（小山栄三1942）。

第三に、アメリカにおける広告塔の不在である。中国は、前述の通り、蔣介石夫妻が大きな役割を果たしたが、日本にはそれに匹敵する人物がいなかった。もちろん、日本にも当時、夫人ともどもアメリカ人、特に上流階級と交流を持っていた斎藤博駐米大使がおり、日中戦争において「パネー号」事件が生起して、対日世論が悪化した際、即刻全米向けに放送を行い、危機の解消に尽力した。一九三九年在任中に死去した際は、死を悼んで大統領の命令により、遺骨はアメリカの最新鋭巡洋艦「アストリア号」で日本に送り届けられたほどであったが、蔣介石夫妻、特に宋美齢には、大衆の人気の面において大きく及ばなかったのである。

さらに、日本政府は、宣伝工作のためにアメリカ人を雇って活用しようと試みたが、アメリカの国民性への理解不足もあり、依頼したジャーナリストが却って「親日的人物」とレッテルを張られ逆効果となり、失敗に終ってしまった。

活かされなかった近衛の提言

ヴェルサイユ講和会議の帰途、アメリカに立ち寄った近衛文麿は、山東問題などをめぐる排日の気運について、原因は中国のプロパガンダにあると指摘すると同時に、講和会議の所感を踏まえて、中国に比べ日本のプロパガンダは極めて拙劣であるとして、以下のように述べている（近衛文麿『戦後欧米見聞録』中公文庫、１９８１）。

「この点よりすれば日本人のプロパガンダに拙きは一個の美質として賞賛するを得べけむ。然れども今日の如く民衆の同意同情を集むることなくしては何事もなし得ざる時代において円滑無礙に所期の目的を達せむとするにはプロパガンダに由るの外なく、もしこの手段を欠く時は諸事渋滞頓挫するのみか、時には失敗に終るを免るべからざるなり」

そして、日本が国際社会において権威ある地位を維持するには、知識階級に対するプロパガンダが重要であり、そのための機関の設置と活用が急務であると結んでいたが、その後も近衛の提言は活かされることはなかった。

第二次上海事変に際しても、当初原因は蔣介石にあるといった認識が外国メディアの一部に見られたにもかかわらず、日本はそれを活用することなく、対外宣伝に対しては消極的な姿勢に終始していた。一方、中国の積極的な宣伝とそれに起因する外国メディアの報道は大きな役割を果たし、日本に対する不利な世論が形成されていったのであった。

小山栄三は、古来日本では宣伝は、「虚偽、誇大、又は戦争と結びついた連想」によって、悪いものと見做されたため排斥され、もしくはその効果が過少評価されてきたが、「日本にとって、殊に満洲事変・北支事変・支那事変を通じて行われた巧みな支那側宣伝が如何に世界の世論を日本に不利に導いたかを実感した我々は、更めて宣伝の価値を認識しなければならなくなったのである」と反省を込めつつ述べている（小山1942）。

結果として、アメリカにおいて、当初は中国がどのようになろうとアメリカの利害や理念にはそれほど関係ないと見做されていた風潮が、「世論の中の中立論者も、しだいに親華論に傾くようになり」、反日世論が高まっていったのである（入江昭『増補　米中関係のイメージ』平凡社ライブラリー、2002）。一九四〇年二月時点の世論調査では、中国支持七七％、日本支持二％、中立一三％と、中立から中国支持へと大きく変化していた（Hadley Cantril, Public Opinion, 1935-1946）。

このようにして、日中戦争期から、アメリカ国内で徐々に醸成されていった反日的な世論は、アメリカの外交にも影響を及ぼしていったのである。開戦前に日米交渉が破綻した背景を検討する場合、一因として、アメリカの国内のこういった世論も無視することはできないであろう。

「この上海戦は、外国人にやって見せるものだ」との発言が物語るように、蔣介石は、国際社会の支援を得ることにより勝利することを期待して上海での戦いを積極的に推進した。確かに期待に反して対日経済制裁や参戦など具体的な支援を得ることはできず、上海・南京での戦いに敗北したが、他方長期的には国際社会における中国支持と日本批判という世論の醸成に成功、第二次世界大戦という事変の「国際化」を通して、日本は「プロパガンダ戦争」に敗れ、国際的孤立の道を歩むことになったのである。今後の日本人にとって、この歴史の教訓から学ぶべき点は多いのではないだろうか。

第六章　「傀儡」政権とは何か――汪精衛政権を中心に

中国では「偽」政権と呼ばれる「傀儡」政権

「傀儡」は「かいらい」と読む。操り人形という意味である。傀儡政権は英語ではpuppet stateと訳されるが、ある国家や勢力のいいなりになっている、操り人形のような政権ということである。近代日中関係史や中国近代史では、日本占領下で、日本によって樹立された中国人の政権を一般に（日本の）傀儡政権と呼んでいる。満洲国や華北の諸政権、そして汪精衛政権などがそれにあたる。

第一次世界大戦後、世界は反戦と反植民地主義が国際思想のひとつの主流となった。日本はその潮流に反して武力を行使して国際問題を解決しようとし、また自らの勢力圏を拡大しようとしたために、その主流から大きく逸脱したといえるだろう。だが、だからといって、日本がそうした潮流をまったく無視したわけではなかった。満洲事変も、上海事変も、そして盧溝橋事件でさえも、それぞれ「正義」の名の下におこなわれたし、大東亜共栄圏や大東亜戦争という呼称に見られるように、アジア諸民族の解放のための戦争という論理を掲げていた。それだけに、日本がその占領地域において植民地を新たに有することはできず、日本軍によってその地の民族が解放されたという論理が必要であった。一九三一年の満洲事変のあとの満洲国も、またその後華北などに設けられた現地政権もそうした性格をもっていた。無論、実態としてはそうした政権はあくまでも日本の統治を支える存在にすぎなかった。

中国では、このような傀儡政権を一般に偽政権と呼んでいる。満洲国が「満偽」、汪精衛政権は「汪偽政権」などとされる。中国史にも正史があり、正統王朝とそうでないとされる王朝がある。たとえば、袁世凱が死んだあと、一九一七年には広東に自ら中央政府を主張する広東政府ができた。世界は北京にある北京政府を中華民国政府として承認していたが、孫文を首班とする広東政府は自らこそ正統政府だと主張していた。孫文は「国父」だとされることもあるが、たとえその孫文が組織した政府だとしても、やはり中華民国史としての主軸は北京政府の歴史となる。だが、だからといって、広東政府は「偽」にはならない。当時正式に承認されていなかった政府だとしても、「中国人」

社会の中の傍流、それも極めて正統に近い「傍流」として、決して「傀儡」ではないということである。これは、北伐途中にあった武漢国民政府なども同様だし、中華人民共和国が現在台湾にある中華民国政府に「偽」をつけないことでもわかる。

対日協力者は中国では「裏切り者」とされる

本章では「傀儡」政権という言葉を標題に用いたが、満洲国や汪精衛政権あるいはそのほかの傀儡政権は、いわば日本側に協力した政権なので、日本では対日協力政権と呼ばれることが多い。そうした対日協力政権には、中国の人びとも少なからず加わっていた。満洲国であれば執政から皇帝となった宣統帝溥儀、あるいは国務総理となった鄭孝胥などの官僚、政治家もいたし、満洲国国軍もあった。そうした人びとが、対日協力者と言われる。彼ら／彼女らが、なぜ、いかなる経緯で政権に加わったのかということは、きわめて難しい論点である。待ち望んで協力した人がいないわけではないだろうが、日本占領下において生き延びる最後の手段として仕方なく協力したり、あるいは日本の圧政下で他の選択肢がなかった人も多かったであろう。

ファシズムをめぐる歴史研究では、単に権力側が強制的に民衆に体制への参加を強いたという論点だけでなく、民衆の自発的参加も一定の条件下であったのではないかということが論点になる。また、日本の歴史研究でも、軍国主義の形成過程は何も軍部の独走だけで説明できるわけではなく、「熱しやすく冷めやすい」世論動向もまた検討すべきだとの議論もある。だが、中国での対日協力政権、あるいは「傀儡」政権に加わった人々の「自発性」を議論することは難しく、かつデリケートである。

特にそれを難しくしているのは、中国では対日協力政権に関わったり、日本側に協力したりした人を、民族の裏切り者＝漢奸として扱っている点である。汪精衛はその代表だと言っていい。漢奸という語は二〇世紀初頭にはすでに使われていたようであるが、日中戦争下で明確に日本への協力者という意味で使われるようになった。日本の敗戦後、中国では日本人への戦犯裁判とは別に、中国人の漢奸を摘発して「漢奸裁判」を行っている。つまり連合国軍の一員として、極東軍事裁判に判事を送ってA級戦犯を、また中国国内でBC級戦犯を裁いたほか、自国民である中国人を漢奸として中国自身が裁いたのである。この漢奸裁判のほかにも、文化大革命前後に日本と関わった人々が市民により摘発され、抑圧や粛清の対象となった。誰がどの程度の対日協力者かという判断に必ずしも客観的な基準はなく、さまざまな政治判断に基づいて漢奸の認定がおこなわれたのであろう。戦後長い時期に亘り、中国社会における戦時中の対日協力者（とされた人々）は、政治的な動向の影響を受けつつも、実際に批判され、実質的に処罰されてきた。

このようなことがあるだけに、傀儡／偽政権やそこに関わった漢奸とされた人々について、「歴史」という面だけで扱うには、中国では特に難しい面があるのである。

映画「萬世流芳」の世界

しかし、だからといって対日協力政権に関わった人々を「断罪」するような視線で歴史を捉えていくことが適切とは限らない。中国の公的な歴史では、対日協力者は漢奸として扱われるが、それで十分ということはないだろう。自らの意思で対日協力した人もいるだろうし、生きる術として対日協力政権に加わったり、あるいは何かしらの事情で日本占領地域から離れられず、止むを得ずその政権と関わった人もいるだろう。

対日協力政権に関わった人々の複雑な状況を示すひとつの例として、映画「萬世流芳」のことを紹介してみたい。この映画は、一九四二年に中華聯合製片公司と中華電影（中華電影公司）、そして満映（満洲映画協会）も加わって共同製作された、言わば国策映画であった。一九四二年はアヘン戦争終結から百年に当たっており、当局はそれを記念して反英映画を製作させようとした。主要な登場人物を李香蘭が演じている。ここでは、アヘン戦争で活躍した林則徐の周辺にいるアヘン中毒患者を立ち直らせていく女性たちが描かれているのだが、基調はイギリスのアヘンによる侵略に抵抗し、そこから立ち上がる中国の民衆を描き出すことにある。

この映画は日本占領下で放映されたが、中国の人々の共感を呼び多くの観客が映画館を訪れたことで知られている。それは、この映画が反英のようでありながらも、イギリスを日本に置き換えれば、中国民衆が侵略者としての日本に立ち向かうという構図になっていたからだとも理解されている。このような傀儡政権の下での日本への抵抗の姿勢を看取することも可能であろう。

他方、傀儡政権下の人々の生活や社会活動を「日本に抵抗したかどうか」という尺度で評価することにも問題性があるだろう。この分野の研究は評価優先になりがちであるので、今後の実証研究の蓄積が待たれるところである。

満洲国建国の論理

一九三一年九月一八日の満洲事変の後、関東軍は中国東北部の鉄道沿線を制圧した。日本政府は事実上これを追認した。南京の国民政府は、これに対して軍事的には日本と対決せず、あくまでも外交手段を用いて抗議することにした。他方で、国内の地方軍事勢力、共産党勢力などを掃討し、国民政府の直接的実効支配領域を拡大してこそ、抗日戦争が展開できると考えた。これを、「安内攘外」政策という。

日本側は一九三二年三月に中国東北部に満洲国を建国し、清朝の最後の皇帝であった宣統帝溥儀を執政に据えた（のちに皇帝）。中国は日本の行為を国際連盟規約違反だとして連盟に提訴し、リットン調査団が派遣されて、その報告書をもとに審議がなされて、最終的に一九三三年に日本が国際連盟を脱退したことは広く知られている。

満洲国は建国に際して以下のような宣言を発した。

「想うに我が満蒙各地は辺陲に属在し開国綿遠なり。諸《こ》れを往籍に徴して分併稽うべし。…今、我が満蒙民衆は天賦の機縁を以て、力めて振抜を求め、自ら政治万悪国家の範囲外に脱せざれば、勢必ず胥い載せて溺に及び、同尽に帰さんのみ。数月来幾度か奉天、吉林、黒龍江、熱河、東省特別区、蒙古各盟旗の官紳士民の集合を経て、詳に研討を加え、意思既に一致に趨く。…満蒙は旧時本と別に一国を為す。今や時局の必要を以て自ら樹立を謀らざる能わずと。応に即ち三千万民衆の意向を以て即日宣告して中華民国と関係を脱離し、満洲国を創立す。茲に特に建設綱要を将て中外に昭布し、咸く聞知せしむ」(「満洲国建国宣言」、アジア歴史資料センター、レファレンスコード：B02030709100)

ここでは、もともと満洲は中国とは異なる地域であったことを前提にし、辛亥革命によって中華民国の一部になったものの、その地域の人々の苦労が絶えず、いま「天賦の機運」を得て、地域の「三千万民衆の意向」で中華民国から分離独立することが述べられている。

日本からすれば、日露戦争で多くの犠牲を払って得た利権である南満洲利権を維持するため、二一カ条要求を発し満洲利権の期限延長をおこない、そして国民革命軍による北伐とソ連の脅威の下に満洲事変をおこし、その利権を確実なものとするために満洲国を建国したのだが、建国の論理はあくまでも満洲の人々の自発的な行為として説明されたのであった。

日本側が満洲国を建国したのには国際的な背景もあったと考えられる。一九二二年に締結された九カ国条約には日本も加わっていたが、そこでは中国の主権尊重を述べていた。また、国際連盟がそうであったように、国際的に植民地主義は既に批判されていた。一九二八年には、パリ不戦条約(ケロッグ＝ブリアン協定)にも調印していた。これらのことからも、日本が満洲の占領統治を継続したり、植民地化することには限界があったものと推察される。

「傀儡」性をめぐって

一九三二年九月一五日に締結された日満議定書では、満洲国の存在を次のように位置付けている。

日本国ハ満洲国ガ其ノ住民ノ意思ニ基キテ自由ニ成立シ独立ノ一国家ヲ成スニ至リタル事実ヲ確認シタルニ因リ　満洲国ハ中華民国ノ有スル国際約定ハ満洲国ニ適用シ得ベキ限リ之ヲ尊重スベキコトヲ宣言セルニ因リ　日本国政府及満洲国政府ハ日満両国間ノ善隣ノ関係ヲ永遠ニ鞏固ニシ互ニ其ノ領土権ヲ尊重シ東洋ノ平和ヲ確保センガ為左ノ如ク協定セリ。

ここにあるように、日本は表向き満洲国が住民の自発的な意思により独立するものと位置付けていた。だが、一九三三年八月八日の満洲国指導方針要綱では、その意図を明確にしている。

大日本帝国の満洲国指導は日満議定書の精神に基き満洲国をして大日本帝国と不可分的関係を有する独立国家として進歩発展せしむることを以て其の根本方針と為す。

ここでは、日満関係が「善隣の関係」というよりも、「大日本帝国と不可分的関係」とされていた。そして、それは「不可分」なだけでなく、日満関係は明確な指導・被指導の関係に位置付けられていたのである。

満洲国に対する指導は現制に於ける関東軍司令官兼在満帝国大使の内面的統轄の下に主として日系官吏を通じて実質的に之を行はしむるものとす。

満洲国はその国制そのものからして日本の指導下にある国家とされていたのであった。

それが「傀儡」とされる所以である。

満洲国に関わる中国人

だが、それでも満洲国には少なからぬ満人、また漢人が加わっていた。そこには、臧《ぞう》式毅《しきき》のように中国東北部の軍事指導者だった者が加わった事例もあるが、執政となった宣統帝溥儀や国務総理となった鄭孝胥など、関内（長城以南）から満洲国に加わった人々もいた。

中国東北部に既に地盤を築いていた人々は別にして、それ以外の人々は何故満洲国に加わったのか。たとえば宣統帝溥儀であれば、清朝の再興のためであったと考えられる。鄭孝胥ら清の遺臣とされる人々も同様であったろう。もともと、辛亥革命後に成立した中華民国は、宣統帝溥儀をはじめ満人らに対して優待条件として生活と身分保障を与えていたが、一九二四年に馮玉祥によって北京を追われ、優待条件は事実上停止されていた。その後、国民党の下にあった南京国民政府もまた優待条件を復活することはなかった。そうしたこともあって、宣統帝溥儀をはじめとして、日本の陸士出身で満洲国の閣僚を歴任した熙《き》洽《こう》のような、満人皇族や高位の満人たちにとって、満洲国が唯一の庇護者のように見えたであろう。また鄭孝胥のように、清朝皇帝との君臣関係を重視し、忠誠を誓っていた一部の「遺臣」にとってもまた、満洲国がひとつの望みに見えたのかもしれない。一九三四年に宣統帝溥儀は満洲国皇帝になるなどして、清朝の復活には一定の成果があったのかもしれないが、前述のように日満関係において満洲国は日本の指導下にあり、到底独立国とは言いがたい状態になった。

また、一九二八年に滅亡した北京政府の官僚で、南京国民政府で仕事先を見つけられなかった者にとっても満洲国は新たなリクルート先であった。無論、呉佩孚らが隠棲したように、国民政府にも満洲国にも関わらなかった者もいたのだが、一部には満洲国に赴いた者もいた。たとえば、清末から民国北京政府の外交官であった沈瑞麟なども満洲国の官僚となり、ソ連の侵攻に際して捕らえられて病死している。

他方、満洲国に止むを得ず加わったり、あるいは望みを託したりした人物が皆、日本指導下の満洲国に満足したわけではない。たとえば、満洲国建国以前の中国東北部の実力者として知られた張景恵、臧式毅、熙洽、馬占山のうち、鄭孝胥の後任の国務総理となった張や日満華共同宣言に調印した臧、宮内府大臣となった熙らは、満洲国の滅亡までその関係者であり続け、戦争末期にソ連の侵攻とともに囚われて、シベリアに抑留され、やがて中華人民共和国に引き渡され死を迎えた。だが、馬は満洲国に一旦合流したが間も無く脱出し、むしろ蔣介石に早期の抗日戦争発動を求め、日中戦争勃発後にも華北で抗日ゲリラ戦を指揮し、戦後は中華人民共和国側に残った。

このように、満洲国は日本の指導下に置かれていたものの、様々な要因からそこに加わった中国人たちがおり、彼らはまた自らの判断で同国に残ったり、離れたりした。中国大陸に残った人々は後に漢奸とされていくが、彼らは必ずしも単純に日本に同調したわけではなく、それぞれの理由から満洲国に関与したと思われる。

華北の自立性と南京国民政府

満洲国建国の後、日本は満洲と接する華北北部を非武装地帯とするなど、華北分離政策を進めた。蔣介石を首班とする南京国民政府は、「安内攘外」政策の下で日本側に直接軍事抵抗することは避けながらも、同時に国内の中央集権政策を進め、地方軍事勢力の地盤を圧迫しつつ、国民政府直轄の抗日拠点の建設をおこなおうとしていた。そのために、もともと南京に対しての自立性が強い華北地域では中央への不信感と反発が広がっていた。この華北の自立性と中央への反発とともに、南京国民政府のリーダーであった蔣介石と汪精衛が日本に対して「一面抵抗、一面交渉」という原則を用いていたことが重要だ。日本は中央政府の原則と、華北の自立性の双方を利用しながら、華北の現地で交渉をおこなう「現地解決方式」を採りながら、その勢力を拡大していった。

これは南京国民政府にとってもある程度受け入れられた。中央は中央として自らの理念を堅持しつつ、地方では現実的な対応ができたからである。塘沽停戦協定に際しても、南京国民政府が満洲国を承認していないことから、あくまでも日中間での交渉となったが、日本側が関東軍、そして中国側は南京国民政府ではなく、華北という「現地」に別組織を作って交渉することになった。華北には北平政務整理委員会と軍事委員会北平分会が設けられ、その地方軍代表が関東軍と協定を締結したのだった。

冀東防共自治政府と冀察政務委員会

その後も日本による華北分離工作は継続し、華北の非武装化などがおこなわれた。一九三五年末になって、南京国民政府が幣制改革を実施して銀の国有化に向かうと、華北でもそれに対する反発が強まった。日本はこの機に乗じて、宋哲元らの華北の首領に対して華北五省の自治を持ちかけた。南京国民政府と切り離そうとしたのである。だが、宋らはそれを断ったのだった。

これに対して日本は殷汝耕らに話をもちかけ、通州にて冀東防共自治政府（当初、委員会）を組織させた。冀というのは河北省を指す。統治空間はおよそ河北省北部の長城以南の地域であるが、一九三三年に締結された塘沽停戦協定で非武装地帯とされたのがまさに冀東なのであった。もともと南京への自立性が強かったとはいえ、非武装地帯となった冀東を自らの勢力下に置こうとする日本側の意図は明白であった。日本側は当該政権が自主的に作られた自治政権だと主張した。このような主張が全くの間違いであったわけではないだろう。だが、この政権は事実上日本の指導下に置かれていくので、少なくとも中国では「傀儡」政権の一つだとされている。ただ、盧溝橋事件後、多くの日本人が惨殺された通州事件をおこしたのはこの政権の保安隊である。

南京国民政府は、この冀東防共自治政府の設立を受けて、一九三五年末に第二九軍を指揮する宋哲元らに河北省と察哈爾省を管轄とする冀察政務委員会を組織したのだった。冀は前述の通り河北省を、察は察哈爾を指していた。この政権は国民政府の「出先」であったので、「傀儡」政権には数えない。だが、一定の自立性を維持した政治主体であった。南京の蔣介石は決して宋哲元を信用していたわけではなかったが、その存在を容認していた。中央では軍政部長の何応欽、華北では宋哲元、さらに察哈爾や河北の実力者がそれぞれ事態に対応したが、日本は防共だけでなく、経済的な優遇をこの政権に求めていった。日本はこの華北地域を通じた中国本土への密貿易をおこなって利益をあげていったのだった。だが、当初南京からの一定の自立を目論んだ華北の実力者たちからすれば、幣制面での自立、現銀の南送停止など彼らの希望は十分に叶えられないまま事態は推移していた。南京の蔣介石の中央集権政策は華北を、最終的には例外として認めなかったのである。

一九三七年七月七日の盧溝橋事件の後、一連の事件が華北で発生して事態が拡大していき、八月一三日の第二次上海事変を招くことになる。この華北で発生した一連の事件はまさに華北の中国側が日本に対して起こしたものであった。

三つの対日協力政権

日中戦争が開始されると、日本は華北地域を占領し、冀察政務委員会に代わる現地政権を建てた。まずは、北京で平津治安維持委員会が組織され（平＝北平［北京のこと］、津＝天津）、一二月には中華民国臨時政府となった。冀東防共自治政府もここに合流した。この政府は華北四省を統治し、関係者には湯爾和、王克敏らがいた。華北では北支那開発株式会社が設けられ、経済、社会など多様な面からなる統治がおこなわれた。

また、内蒙古、察哈爾方面でも、日中戦争開始後に自治政府ができていたが、それらは一九三七年一一月に蒙疆聯合委員会としてまとめられ、それが一九三九年九月蒙疆聯合自治政府となった。主席は徳王とされ、首都は張家口に置かれた。

そして、日中戦争勃発後に日本は華中地域でも戦争をおこしたが、一九三七年八月一三日の第二次上海事変の後に上海戦を展開し、上海及びその近郊を制圧した後、一二月初旬に上海で大道政府が組織された。また、一二月一三日に日本軍が南京に侵攻して占領するが、その後、一九三八年三月には江蘇、浙江、安徽三省と南京、上海を統治する中華民国維新政府が立てられた。首班は、行政院院長となった梁鴻志であった。首都は南京である。この地域では、中支那振興株式会社が置かれ、開発にあたった。また、大道政府もこの政府に吸収され、地方機関となった。

これらの日本占領下の華北、蒙疆、華中で成立した三つの政権は、明らかに日本の占領地を補完する対日協力政権であり、中国での歴史叙述でも「傀儡」政権だとみなされる。実際に、これらの政権に関わった中心人物たち、たとえば梁鴻志などは戦後に漢奸として処刑されている。他方、日本はこれらの対日協力政府について、外交関係を築く中国政府とみなすことはなかった。現地の「政権」とみなしていたのである。この点は一九三二年にできた満洲国や一九四〇年にできた汪精衛政権との違いである。蔣介石率いる国民政府との関係で見れば、一九三八年一月に中華民国駐日大使の許世英は帰国していたが、だからといって日中は断交していたわけではなかった。この時期の日本は、ドイツの外交官によるトラウトマン交渉や一連の交渉にあるように、蔣介石の国民政府との直接交渉による停戦、和平の模索をおこなう意思があったと見ることができる。

汪精衛の「脱出」

国民政府内部では、当初「一面抵抗、一面交渉」が基本方針であったが、蔣介石は日本への全面抵抗に転換していき、日中戦争が勃発した。だが、戦争が始まっても、和平への模索は継続した。特に、当時蔣介石に次ぐ指導者であった汪精衛は「一面抵抗、一面交渉」を維持しようとしていたと見ることができる。

だが、日本の近衛政権は一九三八年に三度に亘る声明、いわゆる「近衛声明」を発した。最初のものはトラウトマン工作の失敗を受けて、一月に「国民政府を対手とせず」

としたものであった。「対手」というのは中国語で「相手」といった意味になろう。だが、一一月には東亜新秩序を提唱する第二次声明を発した。

帝国が支那に望む所は、この東亜新秩序建設の任務を分担せんことに在り。帝国は支那国民が能く我が真意を理解し、以て帝国の協力に応へむことを期待す。固より国民政府と雖も従来の指導政策を一擲し、その人的構成を改替して更生の実を挙げ、新秩序の建設に来り参ずるに於ては敢て之を拒否するものにあらず。

この新秩序に賛同するならば、蔣介石率いる国民政府であっても拒否しない、とのメッセージが込められている。そもそも、「日満支（華）」がこの新秩序の根幹だとされていたので、何かしらのかたちで「支那」に加わってもらうしかないというのが日本側の事情であったろう。無論、上記の三政権のような政権も中国大陸にはあったのだが、ここでは国民政府側が呼びかけの対象だった。これは、「対手とせず」という第一次近衛声明の方針の転換であった、ともいえるだろう。

また、これは国民政府内部の蔣介石と汪精衛の路線対立を見た日本側が、汪に対して発したメッセージでもあった。一二月二二日、近衛は第三次声明「日支国交調整方針に関する声明」を発した。ここで日本側は満洲国の承認、防共、そして「この防共の目的に対する十分なる保障を挙ぐる為には、同協定継続期間中、特定地点に日本軍の防共駐屯を認むること及び内蒙地方を特殊防共地域とすべきことを要求」するなどした。だが、これ以前の日中間の交渉過程では、異なる内容があった。特に一一月二〇日の、影佐禎昭陸軍軍務課長と今井武夫同中佐と高宗武、梅思平との間で締結された日華協議記録、諒解事項では、中国側が東亜新秩序を受け入れ、日華防共協定の締結、満洲国の承認をおこなえば、日本は治外法権の撤廃、租界返還を考慮するとされ、またそこには日本軍の撤兵条項も含まれていた。これは、汪精衛に蔣介石と袂を分かつことを求めるものであり一二月の第三次近衛声明はこの内容を受けてのことであった。しかし、撤兵に関する内容は含まれていなかった。

だが、これを受けて汪は重慶を離れて、ハノイに脱出したのであった。汪は日本側と蔣介石との間に立って、和平交渉を進めようとした。二九日、汪精衛は電報で各方面に自らの意思を伝えた。これは二九日を示す符号（韻目代日）である「艶」をとって「艶電」と呼ばれている。ここで汪精衛は、「もっとも重要な点は、日本の軍隊がすべて中国から撤退するということで、これは全面的で迅速でなければならない」などと述べ、第三次近衛声明というよりも、それ以前の対日交渉の内容を踏まえた発言をおこなっていた（「艶電」野村浩一ほか責任編集『新編原典中国近代思想史6　救国と民主』岩波書店、2011、一一一頁。日本語訳は光田剛による）。しかし、汪に続く国民政府幹部は決して多くなく、また日本軍も撤退しなかったのである。

一九三九年にはいると、蔣介石は汪の国民党党籍、そして一切の公職をなくした。また、一月に近衛首相が辞職することになり、汪が描いていた日本軍の撤兵による和平とともに中国の独立を達成するという和平構想は頓挫することになった。

汪精衛政権の成立

その後、汪はハノイに滞在していたが、一九三九年の夏前には上海に移った。そして、日本側との調整を重ねた。その過程で、日本側の条件との調整ができず、高宗武らは汪のもとを離れたが、最終的に一九四〇年三月三〇日に南京で中華民国国民政府を成立させた。この時には、一旦南京を離れた国民政府が再びここに戻ったという意味をこめて、儀式は「還都式」と名付けられ、また重慶政府との交渉の余地を残すために、汪は国民政府代理主席兼行政院院長となった。

上記の三つの対日協力政権の間ではすでに提携が進められ、中華民国連合委員会が中華民国維新政府と臨時政府との間で設けられていたが、最終的に三政府のいずれもが汪精衛の国民政府に合流することになった。だが、中華民国臨時政府が華北政務委員会（委員長：王克敏）としてその機能を一定程度残したように、蒙疆と華北の自立性は維持されていた。

政府の樹立とともに国民党も組織された。党も政府も従来の国民政府と同様の形態とし、もし和議が成れば、スムーズに重慶国民政府と合流できるようにしていたと考えられる。自前の軍隊も組織され、主に共産ゲリラ対策に用いられた。日本は南京の国民政府を承認し、重慶国民政府はそれに敵対する勢力という位置付けをおこなった。そのため、日本は終戦まで中国に宣戦布告はしていないという立場であった（最終的には中華民国重慶政府の発するポツダム宣言を受諾するので、中国に降伏している）。また、汪精衛政権は外交もおこない、満洲国はもとより、一九四一年にはドイツと国交を開いた。

この政権は、一九四〇年一一月三〇日に日華基本条約と日満華共同宣言に調印して、大東亜共栄圏の中核として位置付けられていた。ここでは主権の相互尊重などが提起されてはいたものの、日本の同政府に対する優位性、指導性は明白であった。たとえば、基本条約第三条では、防共が唱えられながらも、日本側は「所要ノ軍隊ヲ蒙疆及華北ノ一定地域ニ駐屯セシムベシ」とされていた。第五条でも、「両国共通ノ利益ヲ確保スル為」として、日本の艦船部隊を中華民国の領域内に駐留させることが決められていた。

汪政権には蔣介石の重慶国民政府との間の和平交渉を担う存在として期待された面がなかったわけではない。だが、実際にそうした交渉は不調に終わり、基本的に華中周辺の占領統治を補完し、大東亜共栄圏を成り立たせる上での「中国」としての役割を担うことが求められていたのである。

汪精衛政権の宣戦布告

一九四三年一月、日本は汪精衛政権に対して治外法権撤廃を約した。これは、英米政府が重慶国民政府に対して治外法権撤廃をおこなうのに先んじていた。日本が汪政権に、英米が重慶国民政府に対して治外法権撤廃に応じることで、中国は条約改正をほぼ達成することになる。「ほぼ」というのは、中立国やドイツ占領下のフランスの問題があるからである。

他方、日本の汪政権に対する治外法権撤廃は汪政権の対英米宣戦布告と合わせておこなわれた。これは、宣戦布告によって上海などでの英米租界の事実上の撤廃が可能になることもあるが、汪精衛からすればこれによって主体的な立場を手に入れようとした面もあったろう。汪政権の宣戦布告文書は次のようなものであった。

昨年十二月八日の大東亜戦争が発動してから、国民政府は日中基本条約の精神に基づいて、友邦日本と艱難辛苦をともにする覚悟をもつことに決すると声明し、それより以後、新国民運動に着手し、治安の保障、民生の改善などに従事して、国力を増進し、大東亜戦争の完遂を協助することを期してきた。しかし、英米などの国は、その百年来の東亜を分裂させせんとの政策を用いて、ますますその圧力を高めて、重慶の分子を引きずり込んで、いわゆる英米戦線に加わらせ、ビルマ・インド方面に出兵せしめて、東アジア人が東アジア人を殺害するように仕向けている。(「国民政府宣戦布告」。アジア歴史資料センター、レファレンスコード:B02032947000、原文中国語)

後半部では、重慶の蔣介石らの残虐性を指摘するなどして、英米に宣戦布告して大東亜戦争に加わり、日本や満洲国とともに闘うことが使命だとしている。

華僑問題

汪精衛政権は「傀儡」政権の代表とされる。汪精衛は一九四四年に名古屋で死に、漢奸として裁かれはしなかったが、現在も汪は漢奸の代表であるし、政府関係者の多くが漢奸裁判で裁かれた。だが、汪政権の統治に実態がなかったわけではない。日本側は、特殊会社を通した開発をおこない、教育の面でも日本語の普及に努めるなど、大きな影響力を有していた。だが、だからといって汪精衛政権側の経済建設や教育などがなかったわけではない。たとえば、汪精衛政権の経済関係省庁の文書を見ると、水利建設などで一定の主導性を有していたことがうかがえる。

また、汪政権の役割を考えるに際して看過できないのは華僑問題であった。日本は中国に対して宣戦布告をしていたわけではないので、日本国内の華僑、華人で中国国籍を有する人々はそのまま日本に留まることができた。無論、一部は満洲国の管轄下に置かれた人もいたが、特に一九四〇年に汪精衛政権ができてからは、多くの華僑がこの政権の管轄下に置かれたのである。これは東南アジアなどの日本占領下の地域についても同様だった。

日本は、海外華僑から本国への送金にも注目していた。それは外貨建ての送金の仲介をおこなうことで、その外貨を獲得し、さらに手数料を稼ぐことができるからであった。そのため、一九三八年に華南沿岸部を占領した際に、日本は現地協力者を利用して、華僑送金の取り扱い業者を把握し、送金の流れを自らに引き寄せようとした。これは重慶国民政府の強い反感をもたらすことになった。汪政権成立後も華僑送金は争点であった。広東出身の汪は華僑社会で支持があり、汪政権は海外華僑を統括し、また送金を管轄する役割も担ったのであった。無論、日本の海外での華僑虐殺や華僑の抗日運動もあったのだが、汪政権にこのような役割が与えられていたことには留意が必要だろう。

「傀儡」政権の存在意義

本章では、いわゆる「傀儡」政権と言われる対日協力政権の状況を紹介してきた。すでに述べてきているように、このような政権が必要とされたのには幾つかの理由があった。日本側からすれば、反植民地主義であるとか大東亜共栄圏といったような国際社会に対する理念的な正当性を得るため、また実際に占領統治地を円滑に進めるために必要な存在であった。戦争を遂行するために、こうした地域の資源や生産物を日本側に集中させていく機能を担うことも、各政権に期待されていた。

また、蔣介石政権との交渉において汪精衛政権に交渉媒介としての役割が求められたように、日本に敵対する諸勢力に対する緩衝帯となることも期待されていた。実際にどれだけの成果があったかは別であるが、そのような期待があったことも確かだ。そして、上記に紹介した華僑の例にあるように、いわゆる「傀儡」政権には大東亜共栄圏内での一定の役割が与えられており、そこに実態的な存在があった、と見ることもできる。

こうした政権が「偽」政府と扱われ、関係者は漢奸とされたのもたしかであるが、しかしそこに集まった中国側の人々にとって、これらの政権が一定の受け皿になっていた面もあることには留意を要する。国民政府で雇用されなかった人たちや、地理的に現地に地盤のある実力者などが政権に加わったことがその例だろう。また、宣統帝溥儀や汪精衛がそうであったように、彼らなりの理想や政策理念に符合する場として「傀儡」政権が認識されたという側面もある。これらの中国側の関与には慎重な議論が必要だ。

第七章　経済財政面から見た日中戦争

明治維新以来、我が国は貿易立国で発展してきた。その構造を危うくするような戦争は本来、合理的に説明できるものではなかった。「持てる国」の欧米に対し、後発の「持たざる国」日本が戦争に至るのはやむを得なかったという指摘もあるが、その説明は少なからず無理がある。日中戦争が本格化した頃の我が国の経済は全体として好調で、「持たざる国」などではなかったからである。

金解禁不況と満洲事変

日中戦争の最初の引き金を引くことになった満洲事変当時の日本経済は、不況の真っ只中にあった。不況の原因は一九三〇年に無理な円高によって金解禁を強行した浜口内閣の井上準之助大蔵大臣の失政に求められる。実力不相応の円高がデフレ不況をもたらすことは、二〇〇九年のリーマン・ショック後の円高で日本経済が経験した通りだが、当時の円高による不況はリーマン・ショック後の不況よりもはるかに深刻だった。

金解禁不況が直撃したのは、まずは都市部だったが、最終的に深刻な影響を受けたのは農村部だった。一九三一年の東北地方の冷害などが重なり、農村部では餓死者が発生し、欠食児童や子女の身売りが大きな社会問題となった。そのような中、日露戦争で一定の権益を確保していた満洲を、完全に日本の経済圏にしていくことで我が国の安全保障を確実なものにしようとの石原莞爾関東軍作戦主任参謀らの考えによって、満洲事変が引き起こされた。満洲事変に対しては無産政党がいち早く支持を表明し、それまで軍の満蒙（満洲とモンゴル）での動きに批判的だったマスコミも支持に雪崩を打ち、軍の宣伝機関化したかのような様相を呈した。

満洲国建国以降、日本からは満蒙開拓団が組織され、一〇〇万人以上の人々が移民していった。ただ、その数は移住してきた中国人の数と比較すれば少数であった。満洲は、中国歴代王朝が北方民族（北狄）の侵入防止を目的として築いた万里の長城の東北に位置する地域で、満洲族が建国した清朝の時代には清朝父祖の地として漢族の立ち入りが禁止されていた地域だったが、辛亥革命による清朝崩壊後には中国北部から年間六〇万人を下らない中国人が流入するようになり、三〇〇〇〇万程度だった人口は満洲国建国後すぐに五〇〇〇万を超えるようになったのである。

満洲を我が国の勢力圏にするのには無理があると考えた人もいた。学者やジャーナリストでは石橋湛山、吉野作造、安岡正篤、清沢洌など、政治家では高橋是清といった人たちである。高橋は一九三二年、満洲国の通貨制度改革のために派遣することになった大蔵省の担当者を私邸に招いて「あそこに日本を作るのではなくして、中国人の本当の国を作るのだ」と説示した。そんな高橋は、満洲問題に関しては「非愛国者」だと呼ばれるようになる。高橋のような考えの人は少数だったのである。

国内に資源がないから海外に領土を求める。そんな考え方は今日では全く認められないが、西欧の文明国がアジアやアフリカに植民地を持つのが当たり前だった当時は、多くの人々に受け入れられていたものであった。満洲事変勃発の時点で、米国は日本を非難したものの、中国大陸に大きな権益を持っていた英仏は、満洲国を基本的には承認する方向だった。米国でも、親日家だったラモント・モルガン商会会長などは、満洲では日本が交通網を発達させ、安全を確保しているから中国人が百万単位で満洲に移住している、それは「日本の功績である」と述べていたのである。

ところが、一九三二年一月に起こった第一次上海事変が事態を一変させる。それは、当時の上海が、欧米列強の対中国投資の七割以上が集中する極東最大の都市であり、アジアの金融の中心だったことが大きかった。その上海を日本軍が攻撃するに到って、英仏も米国に同調して国際連盟の場で日本を厳しく批判するようになる。ラモント会長も激しい反日に転じた。ラモント会長は米国国務長官スティムソンとも親しい関係だったので、ラモントの転向はその後の日米関係にも暗い影を投げかけることになったのである。

高橋財政の時代

欧米との関係が緊張する中、金解禁不況から日本経済を立ち直らせると同時に、財政面から軍部の暴走を押さえようとしたのが、犬養内閣で大蔵大臣になった高橋是清であった。高橋は、日露戦争時の外債発行で活躍して日本銀行総裁、大蔵大臣、そして総理大臣にまで上り詰めた金融・財政のプロだった。日本銀行入行の前には農商務省で初代の特許局長（今日の特許庁長官）も務めており、経済の成長戦略にも深い造詣を持っていた。

その高橋が犬養内閣の蔵相就任早々の一九三二年に編成した一九三三年度予算は、前年度比で約五割増となったために「非常時代予算」と呼ばれたが、それは井上前蔵相が従来の予算を約三分の二にまで切り詰めていたのを元に戻したため、計算上約五割増となっただけだった。その上で、高橋は一九三四年度にはほぼ横ばいの予算を組み、軍事費を押さえ込んだ。井上財政のデフレ予算は払拭する一方、大盤振る舞いは避ける。そのような高橋財政の時代は当時、「健全財政の時代」と呼ばれるようになったのである。

一九三五年度には、高橋が帝人事件という疑獄事件に巻き込まれて退陣したため、高橋の推薦によって大蔵次官だった藤井真信が大蔵大臣に起用されて予算編成にあたった。その頃になると、軍部も軍拡のための財源研究に力を入れるようになり、「国債は国民の債務であると同時に債権でもあるので内国債である限り国民の負担にならず何ら恐るるに足りない」といった議論を展開するようになっていた。しかしながら、一九三五年度予算も藤井蔵相によって対前年度わずかな伸びに押さえ込まれる。藤井は軍部との激しいせめぎ合いを、喀血しながら夜を徹して指揮した。そのため、予算編成が終わると倒れ、年明けに逝去してしまう。その藤井を継いだのは再登板した高橋だった。

高橋は、一九三六年度予算編成に不退転の決意で臨む。財政赤字を少しずつ縮減していくという「公債漸減方針」を打ち出したのである。それは、日本銀行総裁だった深井英五から、金融の逼迫が明らかとなってきたとの報告を受けてのことであった。高橋は、公債をまず日本銀行に引き受けさせた上で民間銀行などに売却（市中売却）させていたが、それまで九八〜九九％だった市中売却率が一九三五年度には七七・二％にまで急落していたのである。予算閣議で高橋は「ただ国防のみに専念して悪性インフレを惹き起こし、その信用を破壊するごときことがあっては、国防も決して安固とはなりえない」と発言した。最終の予算閣議には世界地図を持って臨み、対ソ戦など無益であることを主張した。

高橋の主張の背景には、当時の中国大陸の情勢があった。中国大陸では一九三四年に六〇年ぶりという旱魃があり、その状況の下、一九三五年一月から蔣介石政権が対日親善外交を試みていた。一九三六年度予算は結局、わずかな伸びで決着する。ただ、それは会計技術上の「無理算段」を重ねてのものであった。

高橋と軍部の対立は、年が明けた一九三六年二月二〇日に行われた衆議院議員総選挙で問われることになった。結果は、軍事費抑制・公債漸減方針の高橋を支持する民政党が躍進して第一党になった。

ところが、その流れは選挙直後に起こった二・二六事件で高橋らが暗殺されたことで断ち切られてしまったのである。

国内経済を犠牲にしての満洲の発展

二・二六事件直前の総選挙で高橋の軍事費抑制路線が支持された背景には、軍部が主導した満洲国の建国が当時順調に進んでいなかったことがあった。

二・二六事件が起こった一九三六年には対満投資額は前年比マイナスに転じ、「満洲の経済的価値が判明すればするほど対満投資が渋りがちになるのが事実」と報じられるような状況だったのである。そもそも満洲事変当時の満洲には、大豆と石炭以外には見るべき産業もなく、インフラもほとんど未整備で、我が国の企業にとってはリスクを伴う不安定なマーケットだった。資金が乏しい我が国にとって、満洲を開発する正攻法は、欧米の資本を導入することだった。満洲事変直後の一九三一年秋に出された「満蒙自由国建設綱領」では、「徹底的に門戸開放、機会均等の政策を執り内外の資本および技術を取り入れ資源の開発、産業の振興を図る」ことが謳われていた。民間でも石橋湛山、清沢洌、吉野作造といった人々からは同様の認識が示されていた。

そんな満洲を、日産コンツェルンなどの新興財閥と結び、官主導で開発していったのが、対ソ戦を意識して満洲開発を考えていた関東軍だった。軍部のテコ入れもあり、一九三七年ごろからの満洲の発展には目覚しいものがあった。撫順炭鉱、鞍山や本渓湖の製鉄所が大きく発展し、満鉄には特急あじあ号が走った。満映（満洲映画協会）が創業し、日本国内では活躍の場が少ない進歩的な映画人が積極的に登用され、李香蘭のようなスターも生まれた。

しかしながら、その発展は、日本がなけなしの資金をつぎ込んだ結果として達成されたものであった。後に近衛内閣で外務大臣になり中国との和平の道を探ることになる宇垣一成（陸軍大将）は、その日記に「内地のセメント工場や紡績工場は現に何れも数割の操短を実行して居にも拘わらず満洲にセメント工場を新たに建設したり青島の破壊されたる紡績工場を復活せしめつつある政策は、日本を枯渇せしめ窮乏に陥れて満洲や支那を王道楽土化せんとするものではないか」（一九三八年一一月一五日）と記していたのである。

二・二六事件の起こった一九三六年の我が国経済は絶好調で、だからこそ満洲になけなしの資金をつぎ込むことにも大きな反発が生じなかったと言える。当時の我が国は「持たざる国」などではなかったのである。

一九三六年は、藤山一郎が「花咲き花散る宵も　銀座の柳の下で」と歌った「東京ラプソディー」が、戦前最大のヒット曲となった年だった。同年七月には、日本の紀元二六〇〇年（一九四〇年）に合わせて東京オリンピックを開催することが決定された。一九四〇年には万国博覧会開催も予定されていた。全国で観光施設の整備が進み、東京ではデパートの新築・増設計画が本格化していた。

当時の日本は、一九二九年一〇月の米国株式市場の大暴落に始まった世界大恐慌の中でのブロック経済化の影響は受けつつも、高橋蔵相の経済財政運営のよろしきを得て絶好調だったのである。高橋財政の時代の実質経済成長率は七・二％、インフレ率は二％という理想的なものだった。そのような経済の好調をもたらしたのは、高橋による井上デフレ財政からの脱却と適正な為替レートの下での低金利政策だった。しかしながら、人々は満洲事変が経済の回復をもたらしたのだと思い込んでしまった。それ以前に、

「日本には国家改造が必要だ」と叫ばれていたこともあり、金融緩和と為替下落のような政策が経済を力強く回復させるとは考えられなかったのである。そのように誤解されたことが、高橋が暗殺された後、経済を圧迫する軍事費の膨張に歯止めがかからなくなる背景になった。

二・二六事件の後に成立した広田弘毅内閣（馬場鍈一蔵相）では、それまでの軍事予算抑制路線が転換される。そのために必要となる公債発行は「公債は生産的である」として認められていった。しかしながら、市場原理を無視した国債政策は一九三七年前半には国債価格の低落（長期金利の高騰）を招いて行き詰まることになる。

そのような状況には、議会から反発の声が上がった。そもそも二・二六事件直前の総選挙で躍進していたのは軍拡反対の勢力だった。一九三六年五月の第六九回帝国議会では、民政党の斎藤隆夫がいわゆる粛軍演説を行って軍部を批判する。年が明けた一九三七年二月の第七〇回帝国議会では、政友会の浜田国松が陸軍大臣を相手に「腹切り問答」を繰り広げて広田内閣を退陣に追い込んだ。

広田内閣の後継の林銑十郎（満洲事変時の朝鮮軍司令官）内閣では、日本銀行出身の結城豊太郎蔵相が議会の主張に添って軍事予算抑制の姿勢を見せた。それを内心不満としていた陸軍出身の林首相は、予算成立後の一九三七年三月に解散を行って局面打開を図ったが、選挙の結果は林首相が期待した勢力が議席を減らすというものに終わった。それは二・二六事件の後も、大正デモクラシーで花開いた明治憲法下の立憲政治が、まだ軍部への牽制機能を保持していた姿であった。総選挙後、林内閣は総辞職し、近衛文麿内閣が成立した。

失われた軍への抑制機能

国民の強い期待の下に成立した近衛内閣だったが、その近衛内閣の下で議会の軍への牽制機能は失われていく。それをもたらしたのは、一九三七年七月に勃発した盧溝橋事件と、同事件に際して起こった通州事件だった。通州事件での中国保安隊の邦人に対する残虐行為が報じられると、世論やマスコミは「暴戻支那の膺懲」に大きく傾いていく。それまで軍部に批判的だった社会大衆党も軍部支持を打ち出し、議会は軍部を応援する翼賛機関になっていった。一九三七年九月召集の臨時議会では、臨時軍事費特別会計が設けられて高橋財政期の当初予算全体にも匹敵する二〇億円余に上る巨額の軍事予算が簡単な審議で可決成立した。以後、それまで一〇億円程度に抑えられてきた軍事費は、

表　一般会計歳出額と軍事費（単位：千円、％）

年度	一般会計歳出額①	一般会計軍事費②	総軍事費③	国民総生産④	①／④	③／④
昭和11年	2,282,175	1,078,169	1,088,888	19,324,000	11.81	5.63
昭和12年	2,709,157	1,236,840	3,277,937	22,823,000	11.87	14.36
昭和13年	3,288,029	1,165,746	5,962,749	26,394,000	12.46	22.59
昭和14年	4,493,833	1,628,610	6,468,077	31,230,000	14.39	20.71
昭和15年	5,860,213	2,226,181	7,947,196	36,851,000	15.90	21.57
昭和16年	8,133,891	3,012,625	12,503,424	44,896,000	18.12	27.85
昭和17年	8,276,475	79,070	18,836,742	54,343,000	15.23	34.66
昭和18年	12,551,813	1,815	29,828,820	63,824,000	19.67	46.74
昭和19年	19,871,947	1,873	73,514,674	74,503,000	26.67	98.67

出典：山田朗『軍備拡張の近代史　日本軍の膨張と崩壊』（吉川弘文館、1997年）

一九三七年度三二億円、一九三八年度五九億円というように急増していく（表参照）。

そのような予算の急膨張をもたらす軍部の行動を多くの国民が支持したのは、それが「すぐに片付く」と思われていたからだった。一九三七年一二月に上海から敗退する蔣介石軍を追って、国民政府の首都だった南京を日本軍が攻略すると、それを祝う大規模なちょうちん行列が行われた。敵の首都を陥れた以上、事変の終結も近いと期待されたからである。ところが、その後、蔣介石が首都を中国大陸奥地の重慶に移し、英米ソによる蔣介石支援体制（援蔣ルート）が確立すると、日中戦争は長期戦の様相を呈し、泥沼化していったのである。

経済的な敗戦

満洲事変後、中国の排日運動は過激化していく。国民政府は、在華日本企業と日本人個人への中国人の労働提供を禁じ、違反した場合には売国奴として死刑を含む刑罰と私有財産の没収を課すこととした。日貨（日本商品）排斥運動などの結果、昭和の初めまで日本の総輸出額の二〇％を占めていた中国本土との貿易は、一九三七年には五％台にまで低下した。それは、一九三〇年の米国の大幅関税引き上げや一九三二年七月の英国のスターリングブロック（英国ポンドの閉鎖的経済圏）形成で抑え込まれていた我が国の貿易をさらに落ち込ませるものであった。その状況をより悪化させたのが、一九三三年三月の国際連盟脱退だった。一九三四年には中南米諸国が日本に対しての貿易規制を導入し、一九三五年にはエジプトが対日通商取極を破棄した。中近東やアフリカの諸国も、日本が国際連盟を脱退したことによって差別的待遇を受けるのは当然として、自国産業を保護するために日本との貿易に対する差別措置を採用していった。「持たざる国」という構図が出来上がっていったのである。

盧溝橋事件後の一九三七年九月には国民精神総動員運動が開始されたが、経済は一時的な軍需景気となり、世相からはそれまでの暗さが一掃されている。南京が陥落した一九三七年末の東京の年末商戦は「年の瀬レコードを破る」と報じられ、正月映画興行もこれまでにない賑わいをみせた。ラジオや蓄音機の普及もあって、ジャズやダンスが流行した。吉本の寄席は、前半が落語や浪花節、講談、後半が専属のジャズ・バンドの演奏、ダンシング・チームによるダンスだった。しかしながら、戦勝を見込んだ好景気は長続きせず、国民生活は日中戦争が泥沼化するに従って軍事費の圧迫から困窮していった。

それに輪をかけたのが、大陸における経済政策の失敗だった。それは、石原莞爾をして「遺憾ながら経済戦は全く立ち遅れているらしい。原因については、通貨の問題が非常に大きな作用をしている」と嘆かせた一九三八年の円ブロック化政策である。金融政策の技術的なことになるので詳しくは述べないが、それは無理な円高で金解禁を行って不況を招いた井上デフレと同様の失敗であった。その結果は、日本が戦っている相手である蔣介石政権に経済援助を与えるも同様のことになってしまったのである。それは、経済における局地戦の敗北、しかも自滅であった。

そのような中で、一九三八年四月には国家総動員法が制定される。その状況を「持てる国と持たざる国」という構図で理解することによって、国民生活の窮乏化をもっぱら英米の対日敵対政策のせいだと思い込んだ国民は、英米への反感を強め、実は国民生活の困窮をもたらす最大の原因を作っている軍部をより一層支持するようになっていった。

増大する軍事費をまかなう大量の公債は、日本銀行による直接引受けの後に大蔵省の預金部や民間の銀行などに購入されることになっていたが、銀行が購入するためには資金が必要である。そこで行われたのが、一九三八年からの「国民貯蓄奨励運動」である。一九四〇年度予算案の審議においては、国民貯蓄の目標が一二〇億円とされたが、この額は当時の国民総所得二五〇億円のうち、生活費七〇億円、租税負担五〇億円を引いた残りのほとんどに相当した。国民に対して、軍事費捻出のために給料の半分弱を貯蓄、五分の一を税金として納め、残りの三分の一で生活するよう求めるに等しかった。

予算・金融統制の有名無実化

大陸における経済戦の敗北は日本経済を苦境に追い込んだが、より直接的に国民生活を圧迫していったのは軍事費拡大の重圧だった。

それに対する批判を封じ込めることになったのが、一九三三年に誕生したヒトラー政権が、軍事費を拡大しながら好調な経済を演出していた事実である。ドイツの軍事費は、ベルリン・オリンピックが行われた一九三六年度には対国民総生産比一三%にも達していた。それに対して当時の日本の軍事費は五・六%、英国の軍事費は四%に過ぎなかった。

一九三二年に我が国でも抄訳が出たヒトラーの『わが闘争（原著は一九二五年刊）』は、「経済にはただ第二義的、あるいはまったく第三義的役割しか与えられず、政治的、倫理・道徳的、そしてまた血液的な要素にこそ第一義的役割が与えられる」と述べて経済合理的な思考を排除していた。

欧州でヒトラー政権が勢力を伸ばしていく中、軍の行動を制約する財政面からの統制は、中身をほとんど査定しない臨時軍事費特別会計の創設などによって、有名無実化されていく。盧溝橋事件が起こった一九三七年には、総合国策樹立機関として企画院が設立されたが、その設立に当たっては、予算統制を無効化すべく軍部から大蔵省の主計局を予算局として企画院に編入することが主張された。

金融関係者にも、金融面から様々な形での軍部への協力が求められた。マクロ的には、日本銀行による通貨発行の限度額を大蔵大臣の決定によるものとしたことが知られているが、ミクロ的には一九三九年から興銀による軍需会社への強制融資（政府の指示による融資）が開始された。一九四三年には軍需会社法が制定・公布され、翌年四月からは民間銀行が持つ軍需会社の支払手形全てに対して日本銀行が最低利子率を適用して担保貸し出しを行うようになった。それは、日本銀行が軍需会社に対して、予算統制に縛られずに無制限の資金供給を行う者（キャッシュ・ディスペンサー）になったことを意味していた。

対英米協調路線の破綻

日中戦争が対英米戦争につながっていったことから、当時の日本政府が英米を敵視していたと思っている人が多いが、そうではなかった。日本は、基本的に対英米協調路線をとっていた。その背景には、当時の我が国の対英米貿易依存度が輸入で五〇～六〇％、輸出で三〇～五〇％だったこと、中でも米国のシェアは輸出で三八・八％、輸入で三一・四％だったことがあった（一九二〇年代）。米国からの軍需物資の輸入なしには、中国との戦争に支障を来すというのが日本経済の現実だったのである。

そのような対英米協調路線を代表する一人が、三井財閥の大番頭から日本銀行総裁を経て、第一次近衛内閣の蔵相兼商工相になった池田成彬だった。しかしながら、池田の対英米協調路線は、一九三八年一〇月に日本軍が漢口を攻略すると、強気になった軍部によって押しつぶされてしまう。池田の路線が否定されると、対日関係に見切りをつけた英国は、蔣介石政権への支援を本格化していく。米国も同年一〇月に対日武器輸出制限措置を発動する。そのように英米から敵視されるようになっても、その後の一九三九年八月に成立した阿部信行（陸軍大将）内閣も、一九四〇年一月に成立した米内光政（海軍大将）内閣も対英米協調路線を変えることはなかった。

そのような中で、英米の対日敵視を決定的にしたのが、一九三九年六月に勃発した天津事件だった。親日派の中国人を暗殺した犯人が天津租界へ逃げこんだのに対して、日本軍が英仏租界交通制限という強硬策に出たのが同事件であったが、その背後には、日本軍の連戦連勝にもかかわらず事態が終息しないのは、英国を中心とする蔣介石政権への支援があるからだ、との軍部の判断があった。日本軍は犯人の引き渡しだけでなく、援将ルートの閉鎖なども要求した。交渉は難航したが、一九四〇年六月に日本軍の思惑通りに決着する。それは事件発生直後にヒトラーが始めた第二次欧州大戦で、英国が劣勢に追い込まれたからだった。

日英間の協定に従って、英国は七月にビルマからの援蔣ルートの一時閉鎖を発表する。ところが、このような経過に強く反発したのが米国だった。米国は一九三九年七月には日米通商航海条約の破棄を通告、四〇年一月には失効させ、日本への物資輸出を制限するという経済制裁を正面から打ち出した。同年七月には石油と屑鉄の輸出許可制とガソリンの禁輸にも踏み切る。それは、石橋湛山によれば「米国は今正式には交戦国ではないけれども、少なくとも経済的には交戦国と異ならな」くなった事態の出現であった。

そのような中で、軍事物資としても重要な普通鋼材の生産は一九三八年がピーク、最大のエネルギー源だった石炭の生産も一九四〇年がピークということになっていったのである。

誤った情勢判断と対英米開戦

日米通商航海条約の破棄が通告された一九三九年七月には、ぜいたく禁止令が出され、「夏物の背広は一〇〇円、時計は五〇円、ハンカチは一円、下駄は七円」などとされたが、国民生活にはまだ余裕があった。同年に慶応義塾に入学した塩川正十郎元財務大臣は、「当時はね、まだ相当自由がありましたね。キャバレーもやってましたし、ダンスホールもあったし」と述べている。それが同年も後半になると、国民生活は窮乏化の様相を強めていく。街のいたるところに「ぜいたく品よ、さようなら。あすから閉じる虚栄の門」「パーマネントはやめましょう」などと書かれた看板が立つようになった。政府は、映画会社やレコード会社に芸名が「ふまじめ」「不敬」「外国人と間違えやすい」ものを改名するよう命じ、歌手のディック・ミネや日活映画の尼リリスなどが改名を余儀なくされた。落語協会は、遊廓、妾、不義、好色など五三の噺を演じないことにして浅草本法寺に「はなし塚」を作って葬った。

軍事は本来、合理的な計算に基づくものである。大陸中国での戦いを米国からの軍事物資に頼っていたことから、軍部も、親英米とはいえないまでも対米関係を重視していた。一九三七年七月の盧溝橋事件後、日本も中国も宣戦布告をしなかったが、その大きな理由は戦争となると米国の中立法（一九三五年）上の制約から、日本も中国も米国から軍事物資を輸入できなくなるからだった。南京攻略直後の一九三七年一二月に出された大本営陸軍部日中戦争収拾案は「対米親善の為経済上の提携及輿論の好転に努め（中略）日満支対米間の経済関係を調整利導す」としていたのである。

米国と戦って実際に勝てると思っていたものは、軍人の中にもほとんどいなかった。一九三八年に企画院が行った我が国の戦争遂行能力の分析では、山本五十六海軍次官、山脇正隆陸軍次官をはじめ軍人を含む参加者全員が、「我が国は英米との長期戦に耐えることはできない」との結論で一致し、その結果は近衛首相や宇垣外相にも極秘に報告された。満鉄調査部も一九三九年末の報告（「支那抗戦力調査」）で、経済的観点から日米開戦の不利を指摘していた。三国同盟を主張した陸軍も、一九四〇年初頭に立ち上げた「戦争経済研究班」の分析で、米英との経済戦力の差は二〇：一、開戦二年間は備蓄戦力により抗戦可能であるが持久戦は耐え難い、という分析を行っていた。米国側でも対日戦争を予想していたものは少なく、国務長官特別顧問（元極東部長）のホーンベックは「自暴自棄から戦争を始めた国など歴史上存在しない」と述べていた。それなのになぜ我が国は勝ち目がない対英米戦争に突っ込んでいってしまったのであろうか。それは、欧州でドイツが勝利目前だという誤った情勢判断、それと中国大陸に権益を持たない米国の本格的な参戦はあり得ないとの誤った観測の二つがあったからだともされている。

対米交渉が行き詰まりを見せるようになった一九四一年八月に「戦争経済研究班」の後身である「総力戦研究所」が日米戦日本必負の机上演習を行うが、報告を受けた陸軍省と参謀本部の合同会議の大勢は「相手を過大評価するのは臆病だ」というものだった。

一九四一年一二月の真珠湾攻撃で英米と開戦すると、日本人の成年男子は、やがて赤紙一枚で誰でも徴兵されるようになり、日本経済は人手不足から生産力を一層低下させていく。人手不足への対応としては、一九四三年からは三〇〇万人の学徒が軍需工場での生産に動員され、一二歳から三九歳までの未婚の女性が女子挺身隊に登録された。一九四五年には八〇〇万人以上の者が徴兵されて戦地に送られ、兵役のない朝鮮と中国では約一〇〇万人が徴用されて、日本の工場や鉱山で働かされるようになった。敗戦までの日本人戦没者は三一〇万人に上った。その過半を占めた陸軍戦死者一六五万人の約七〇％は飢餓によるものだったとされている。そういったことも、経済・財政面から見た日中戦争の一つの帰結であった。

第三部　戦争の収拾

第八章　日中戦争と日米交渉——事変の「解決」とは？

「国際的解決」か「局地的解決」か

日中戦争が長期戦の様相を見せはじめた一九三七年秋、中国の提訴によって九カ国条約会議がブリュッセルで開催されることになった。日本政府は、その不参加声明のなかで、日本の軍事行動は「中国側の挑発に対する自衛手段」と主張したうえで、たとえ日本が参加するとしても日中両国の民心を刺戟し、事態を紛糾させるのみであるとし、「両国間の直接交渉に依りてのみ之を解決し得る」との立場を明らかにした。つまり、日本は、日中戦争に対する第三国の斡旋や干渉を排除し、あくまで日中間の問題として収拾しようとしていた。

このような立場を「局地的解決」（あるいは日中「二国間解決」）という枠組みとすれば、それは満洲事変以前から日本が依拠してきた日中紛争の解決の枠組みであった。

一方、中国側が依拠した枠組みは「国際的解決」と呼び得るものであった。日本の直接的なアプローチには応ぜず、米英ソなど主要列国との国際的連携のもとで対日抗戦を有利に展開し、最終的勝利を目指すというものであった。中国には、(1)軍事的対決の継続、(2)直接交渉、(3)国際的解決(紛争の国際化)の三つの選択肢があった。蔣介石は、(3)を選択することになるが、その理由は、軍備が不十分で軍事的対決は自殺行為であること、さらに、「公理」への期待―連盟規約、不戦条約、九カ国条約など国際条約違反に対する国際的圧力への期待であった(鹿錫俊『中国国民政府の対日政策』東京大学出版会、2001)。

行き詰まっていた日中戦争を、中国は英米陣営との連携にその解決を求め、日本はあくまで日中二国による局地的解決の道を歩もうとしたのである。中国は一貫して「国際的解決」を追求し、アジアの戦場を世界戦場として認知させ、最終的に連合国の一員としての立場を獲得することに精力を傾け、四一年一二月には英米の対日参戦を獲得し、「国際的解決」の条件を整えることになる。

他方、日本は「国際的解決」という立場を頑なに拒否し、日中二国間の「局地的解決」の立場に固執した。日本が試みていた重慶政権(国民政府)に対する無数の和平アプローチ、汪精衛政権の樹立、そして援蔣ルート遮断のための軍事的、外交的措置、など主要な解決方策はすべてこの枠組みにしたがったものであった。しかし、この解決枠組みはやがて行き詰まり、アメリカの斡旋に期待を託さざるを得なくなる。

宣戦布告なき戦争の解決をめぐる二つの立場は、その先に何を見通していたのだろうか。どのような日中関係を想定していたのか。戦後の日中関係を考える上で、見過ごせない問題に思われる。

内向化していく東亜新秩序構想

一九三八年夏から秋にかけて、日本軍は一〇〇万の大軍をもって重慶政権の足元に迫る武漢・広東作戦を実施した。しかし、蔣介石政権は屈服する気配を見せず、日本の対中戦略は軍事作戦から政治外交手段を重視する「政謀略」に転換を余儀なくされる。この観点から採り得る方策は、援蔣ルートの遮断、重慶政権に対する直接和平、そして蔣介石政権に代わる新たな中央政府（のちの汪精衛政権）樹立であった。

この新中央政権構想に対応して打ち出された中国政策が、近衛内閣による三八年一一月の東亜新秩序声明であった。日満華三国が相携えて「東亜に於ける国際正義の確立、共同防共の達成、新文化の創造、経済結合の実現を期する」ことを目標としていた。日満華三国の一角を占めるはずの中国は、蔣介石政権に代わる親日政権（汪精衛政権）が想定されていたが、未だその前途は不透明であった。その直前の一〇月初旬、アメリカは長文の覚書をもって、事変開始以来、アメリカ人が被った差別待遇、満洲事変以来の中国における日本の市場独占化の現状を例示して、速やかな改善を要求した。門戸開放の原則は破壊され、アメリカ市民の機会均等の権利も奪われている、というのである。

これに対する日本（有田八郎外相）の回答（三八年一一月）は、今や東アジアに新情勢が展開しつつあり、「事変前の事態に適用ありたる観念ないし原則をもって、そのまま現在及び今後の事態を律せんとすることは、なんら当面の問題の解決をもたらす所以にあらず」と反論した。「事変前の事態に適用ありたる観念ないし原則」とは、九カ国条約や門戸開放原則を指し、それらはもはや中国の現状には適用し得ないという主張である。

三八年一二月末、アメリカは、門戸開放原則を無視して樹立される「新秩序」は承認できない、と改めて通告した。望ましい国際秩序をめぐる日米の対立は頂点に達した。しかし、そのことが戦争に直結したわけではなかった。

現実の「東亜新秩序構想」を支える日本の戦時経済体制は、アメリカに対する経済的依存を無視しては成り立たないものとなっていたからである。したがって、「東亜新秩序」外交の実際は、「東亜」市場への欧米資本や技術の参入を促し、また商品市場としても平等の条件で世界に開放すべきであるという議論を踏まえたものでなければならなかった。つまり、自給自足経済の追求ではなく、経済的開放主義が「東亜新秩序」外交の基盤である限り、英米との衝突に発展する性格のものではなかった（井上寿一「国際協調・地域主義・新秩序」坂野潤治ほか編『シリーズ日本近現代史　構造と変動3』岩波書店、1993に所収）。

さらに、東亜新秩序外交の最大の妨害者とみなされていたイギリスとの協調も大きな課題であった。この対英協力という側面でも、中国問題についてイギリスとの提携関係を深め、中国における英米の市場を保障する一方、日本の経済進出の拡大をねらう日英協力構想が浮上する（松浦正孝『日中戦争期における経済と政治』東京大学出版会、1995）。しかし、日中直接交渉を重んずる国内勢力の反対、激しい反英大衆運動や日独伊三国同盟の締結といった事態のなかで、その可能性は失われていく。

このように、東亜新秩序構想は、当初から排他的ブロックを志向していたわけではなく、経済的開放主義を内包するものであった。しかし、東亜新秩序構想は、ドイツが提唱するアウタルキー（自給自足）色の強い新秩序構想と結びついて行く。日独伊三国同盟はこうした傾向を決定的なものとし、貿易の矛先をドイツに転換せざるを得なくなり、アメリカは「経済的交戦国」と化してしまうのである（前掲、井上論文）。

「局地的解決」構想の後退

一九三九年九月に欧州戦争が始まったとき、重慶の蔣介石はその日記に、「我が国の欧州戦争への対策は、民主国戦線への参加を主眼とし、後日講和の時には中日戦争をヨーロッパ戦争と関連させて解決するのだ。故に、決して英仏戦線に日本を参加させてはならない」と書いた。一方、日本側は同じときに欧州戦争には介入せず、日中戦争の解決に邁進すると決定した。要するに中国の「国際的解決」、日本の「局地的解決」という枠組の再確認であった。

四〇年春になると欧州戦争は大きく動き出す。ヒトラーは、北欧から西欧にかけて電撃作戦を展開し、六月にはフランスが陥落し、イギリスも危うい情勢となる。ドイツの欧州席巻は、まず日本の政軍指導者に、オランダ、イギリス、フランスなどのアジア植民地がドイツの掌中に落ちるのではないかという危機感を募らせる。こうした危機感を背景に、欧州とアジアを日独がおおまかに勢力分割するという日独同盟構想が生まれる。

　この構想は第二次近衛内閣において、四〇年九月の日独伊三国同盟として結実するが、日独の同盟に対する実質的な期待は、勢力分割というより、欧州の戦争とアジア戦争（日中戦争）へのアメリカの介入を阻止することにあった。政軍指導者の中には、三国同盟にソ連を加えて「四国連合」とし、その国際的圧力をもって日中戦争を有利に解決するという構想を抱く者もあった。しかし、この四〇年秋にはヒトラーはすでに対ソ攻撃を密かに決断していた。

　ところで、四〇年秋は、日中戦争の解決のための日本の「局地的解決」の枠組は転機を迎えていた。対重慶和平工作（桐工作）の挫折と汪精衛政権の承認（四〇年一一月、日華基本条約調印）に象徴されるように、この立場からの対蔣政策が行き詰まったからである。その打開のために浮上した有力な立場が「南方戦争」路線ともいうべきものであった。

　つまり、日中戦争は枢軸陣営に身を委ね、南方（東南アジア）に武力を行使し、「自給自足圏」を設定してこそ初めて解決が可能であるという路線であり、それは三国同盟の成立を背景としていた。こうした路線の主唱者は陸軍であり、なかんずく参謀本部であった。参謀本部作戦部長であった田中新一は、こう書いている。「事変の解決はただ欧亜を綜合した国際大変局の一環としてのみ、これを期待することができる。……日本が事変当初以来堅持してきた局地的事変解決の見込みはなくなった」（田中新一『大戦突入の真相』元々社、1955）。

しかし、第二次近衛内閣は英米との戦争に直結するこうした路線を避け、外交交渉による解決を改めて模索することになる。そこで浮上したのが、日本の対中和平条件が満たされるならば、第三国の好意的仲介を受け入れようという外交路線であった。そうした可能性のある第三国の筆頭は、蔣介石政権に最も影響力を有すると考えられたアメリカであった。この路線は、日中戦争の解決をアメリカの斡旋や仲介に頼るという意味で、日中二国による「局地的解決」構想の後退を意味していた。

陸軍では、ことに武藤章を局長とする陸軍省軍務局が推進力となり、四一年二月には、軍事課長の岩畔豪雄大佐をアメリカに送り込み、すでに四〇年から非公式に日米関係の調整に取り組んでいた日米民間人グループの活動に関与させるのである。

アメリカの斡旋という期待は必ずしも的外れではなかった。国際的解決をめざす中国にとって、国際情勢は必ずしも有利に展開したわけではなかったからである。欧州戦争の勃発によってイギリスが極東をかえりみる余裕がなくなっていたこと、ソ連もノモンハン事件を解決して対日宥和に向かっていたこと、など中国にとって不利な事態であった。したがって中国はいっそう対米依存を深めていた。

一方、アメリカもヒトラー打倒を優先目標とし、太平洋では対日衝突を引き伸ばす「時間稼ぎ」のため対日宥和を模索していた。ここに日中戦争の解決をアメリカに託そうとする日本の思惑とが一致した（塩崎弘明『日英米戦争の岐路』山川出版社、１９８４）。

「日米諒解案」と日中和平条件

四一年四月から始まる日米会談の端緒となった「日米諒解案」は、日米の民間人による「私的交渉」の活動が実を結んだものとされるが、岩畔軍事課長はもとより、野村吉三郎駐米大使らも作成に関与していた。しかも、日米双方というより日本側が案文作成の主導権を握っていた。諒解案の到着と同時に、近衛首相が連絡会議を開催し、「この米国案を受諾することは支那事変処理の最捷径である」と歓迎したのは当然の受けとめ方であった。

陸軍は、諒解案は「支那事変処理」に関し、大統領が一定の条件のもとに日中直接交渉の斡旋の意思を示している点を評価した。一定の条件とは、以下の六点であった。①中国の独立保証、②日中協定に基づく日本軍の撤退、③門戸開放方針の復活（解釈と運用は将来協議）、④汪政権と蔣政権の合流、⑤日本の中国移民の自制、⑥満洲国の承認。

さらに諒解案には、蔣介石との直接交渉に当たっては、日本政府は前記条件の範囲内において、かつ近衛三原則に基き、具体的和平条件を直接中国側に提示するべし、と注記されていた。陸軍の不安材料は、中国撤兵を規定した上記②の項目に駐兵が保証されていない点であったが、近衛三原則が容認されるとすれば、駐兵の主張も貫徹されるはずであった。近衛三原則とは、三八年一二月、近衛内閣が汪精衛の国民政府からの離脱に呼応して発表した第三次近衛声明に表現された、善隣友好（国民政府の満洲国承認）、共同防共（日本軍の防共駐屯）、経済提携（華北・蒙疆における資源開発のための中国側の便宜供与）の三点を指している。

諒解案の作成過程では、和平条件についてアメリカ側がかなり譲歩したことが解る。ただし、諒解案は和平斡旋の前提として、「ハル四原則」（領土保全と主権尊重、内政不干渉、機会均等、平和的手段によらざる限り太平洋の現状不変更）の受諾を求めていたが、日本側は当初、この諸原則を重視しなかった。

他方、四月中旬に、日ソ中立条約を結んで帰朝したばかりの松岡洋右外相には、「欧州外交の成果」（日独伊三国同盟、日ソ中立条約）としての「四国連合」の圧力をもってアメリカの参戦阻止とアメリカの重慶援助の停止が念頭にあり、一定の条件を提示して日中和平の仲介や斡旋をアメリカに期待するという意図はなかった。松岡の考えは、「日支事変はあくまで日支間において解決し第三国の干渉を拒絶せんとの方針は今日に於いても変化なし」とし、アメリカの役割を中国に対する和平勧告のみにとどめようとするものであった。

こうして日本側対案（五月一二日対米提案）は、米国政府は、日華基本条約を了承した上で、「直ちに蔣政権に対して和平の勧告を為すべし」、という内容となった。日華基本条約は、近衛三原則などを基礎として四〇年一一月に汪精衛政権との間で締結されたもので、共同防共のための日本軍の蒙疆・華北への駐屯、治安維持のための駐屯、蒙疆・華北の国防資源の共同開発、将来の治外法権撤廃と租界還付、日本人居留民の居住営業のための中国領域の開放、などを定めた。

さらに秘密の協定や交換公文をもって、戦争終結後から二年以内の日本軍撤兵、日本軍の駐留に必要な便宜供与、華北・蒙疆の特殊地帯化と日本人顧問や職員の採用などが約された。全体として、平等互恵の関係設定を求める汪政権側と軍部の広範な要求とが「入り乱れて妥協陳列された、複雑にして珍奇なる協定文書」(重光葵)であった。

したがって、日華基本条約は三者三様の解釈が可能であった。まず、陸軍が最も重視したのが防共のための華北・蒙疆への駐留に関する条項であった。他方、外務省は、撤兵や治外法権の撤廃など中国側の自主性を認める条項を重視した。汪精衛側は、平等互恵の関係設定を求めており、外務省に近い立場であった。

いずれにせよ、松岡外相期の「局地的解決」の立場とは、こうした入り乱れた和平条件を詰めることなく、アメリカの「勧告」による日中二国間交渉で蔣介石政権に承認させるというものであった。

五月一二日案の提示直後、松岡は会談開始の前提は、①アメリカが欧州戦争に参加しないこと、②アメリカが、蔣政権に対し対日直接和平交渉の開始を勧告すること、この二つであると野村吉三郎駐米大使に強調している。陸軍の立場からも日本側対案の主眼は、「アメリカを参戦せしめないことと支那をして速やかに直接和平交渉に入らしむること」にあった。

アメリカの回答と頂上会談構想

日本の五月一二日案にアメリカ政府は反発した。ハル国務長官は、包括的な「六月二一日案」を提示する。その内容は以下の点で日本側の受け入れ難い内容であった。(一)日中交渉の相手として、南京政府ではなく重慶政権を示唆している、(二)満洲の中国復帰（満洲国の否認）、(三)治安駐兵と防共駐兵の否認、(四)中国を含む太平洋全域における「無差別待遇の原則」の適用による「新秩序」建設の否認、(五)間接的な表現ながら枢軸同盟からの離脱を求めていること。日本の提案をほとんど否認するに等しい内容であったが、その後の交渉においてもアメリカはこれらの条件を後退させることはなかった。

陸軍にとって、六月二一日提案は、アメリカが日中戦争解決の仲介者ではなく、妨害者として陸軍の前に改めて立ち現れたことを意味し、日中戦争解決に残された手段は、いよいよ「南方戦争」以外にはないという意識を強めた。田中新一参謀本部作戦部長は、米案は「独ソ戦争という新たなる世界情勢の上に立って立案されたもの」であり、「宥和」から「強圧」へとアメリカがその対日姿勢を転換させた結果であると観察した。

この回答に接した松岡は日本を「弱国属国扱いするもの」と激怒し、交渉打切りを主張するが、近衛首相は松岡の更迭によって交渉の継続を図った。

このアメリカ案とほぼ時を同じくして独ソ戦争が勃発する。その直前から新国際情勢に対応する国策策定に追われていた近衛内閣には、五月一二日の対米提案以上の譲歩的対案を練る余裕はなかった。独ソ戦争の勃発という新事態にいかに対応するか、激しい議論が続いた。ドイツの期待に応えて、締結したばかりの日ソ中立条約を破棄して極東ソ連領を攻撃するか（北進論）、あるいは英蘭の勢力圏である南方（東南アジア）に進出し、日満華に東南アジアを抱合した大東亜に「自給自足圏（生存圏）」を設定し、日中戦争の長期化にも備えるか（南進論）――。

結局、七月二日の御前会議で決定となった新国策（「情勢の推移に伴う帝国国策要綱」）は、南部仏印への進駐を最終的に確認するとともに、独ソ戦争が「（ドイツ側に）極めて有利」に進展した場合には、北方（ソ連）に武力を行使することになった。

北方への武力行使はシベリアの気候的条件と独ソ戦が長期戦の様相となったため、ひとまず中止されるが、七月末には南部仏印進駐が実行される。米英は在米資産の凍結と石油の全面禁輸をもってこれに応えた。米英の激しい反発は、政軍の指導者にとっては意外であった。南部仏印進駐は、日本にとっては、「生存圏」を得ようとする日本の行動を経済的に圧迫し、妨害を企てる英米に対する防衛手段であり、英米との武力衝突を決意したうえで実行したものではなかったからである。

いずれにしても、南部仏印進駐によって四月以来の日米交渉は行き詰まる。これを打開するため、近衛首相は八月初旬、ローズベルトとの頂上会談を提案するメッセージを送る。近衛は、とくに対米強硬方針を主張する「陸軍中堅層」の了解なくしては事が運ばなかった実情から、それを迂回する意味では「良い戦法であった」と回想している。近衛にとって頂上会談は、対米国交調整をめぐって攪乱要因である「陸軍中堅層」の介入を排除するほとんど唯一の方法であった。

頂上会談にはアメリカ側も大いに乗り気であった。駐日米大使のグルーも、軍部の「過激派」を統制できる政治家は近衛をおいて外にはなく、この機会を逃すべきではない、と本国政府を督促する。しかし、頂上会談に関するハル国務長官の態度は頑なだった。会談実現の前提は、六月二一日案をめぐる応酬のなかでなおも残された「特定の根本問題」の解決、すなわち中国駐兵・撤兵問題、通商無差別問題などの解決、というものであった。

　頂上会談に関する日本政府声明や近衛メッセージは、中国駐兵・撤兵問題には全く触れていなかったが、頂上会談の実現のためにはこれらの問題と正面から取り組まざるをえなくなる。ことに中国問題について、ハルは中国問題を離れて日米国交調整は困難であり、和平条件は米中関係を阻害してはならず、英ソ蘭をも納得させるものでなければならない、と指摘し、松岡外相時代のように「局地的解決」の立場を固守することは困難となっていた。

　グルー駐日大使は九月一〇日、大統領の「橋渡し」（good offices）の行使について、最近の日本の提案は、「日中直接交渉」によって日米交渉の停頓状態の打開を計ろうとしているかに認められるが、米国政府としては、和平条件の性質について、あらかじめ英中蘭等と協議するという意図を無視するものである、と指摘した。グルーの指摘は、日米和解交渉と日中和平問題を事実上、切り離すという「局地的解決」の立場を否定するものであった。豊田貞次郎外相は、関係国と予め話し合いが必要とするアメリカの意向は「九カ国条約機構の復活とも解釈せらるる惧れあり此の際適当ならず」と釘をさしている。日中和平の位置づけに関する日米の考え方もその差が目立ち始めていた。

日支和平基礎条件

九月六日、御前会議は「帝国国策遂行要領」を採択し、外交交渉の限度を一〇月上旬、戦争準備の完成を一〇月下旬とし、開戦の目途を一一月初頭と定めた。この帝国国策遂行要領には、「別紙」として対米交渉における要求事項と約諾の限度が掲げられる。

中国問題については、①米英は、日華基本条約に準拠する日本の事変解決の企図を妨害せざること、②蔣政権に対し軍事的並びに経済的援助をなさざること、の二点を基本原則とし、駐兵については「帝国軍隊の駐屯に関しては之を固守する」とされた。これらの方針は、陸軍の意見を強く反映したものであったが、具体的な対米提案ははなはだ不統一であった。

そこで改めて対米提案が、外務省と軍の間で検討される。争点の中国問題について、陸軍は「支那よりは出来る限り速やかに撤兵す」という外務省案を退け、日華基本条約に基づく軍隊の駐屯を「固守する」という立場を貫く。九月二〇日にまとまった対米提案には「日支和平基礎条件」が付加されるが、陸軍にとって重要であったのは、この「基礎条件」であった。

「基礎条件」に関する石井秋穂中佐（軍務局員）の原案は、華北・蒙疆地域における永久的な「防共駐兵」を主柱とし、重要国防資源の開発利用のための経済提携、蔣政権と汪政権との合流、満洲国承認といったそれまでの陸軍の要求を網羅したものであった。華北に長く駐在した経験をもつ石井によれば、「北支の共産化の実情をつぶさに説明すれば……米といえども理解する望みはある」という考えであった（「石井秋穂大佐回想録」引揚援護局調整、１９５６）。予想されたように海軍の主張によって海南島を含む華南地域が加えられた。さらに、最終案にいたる過程では駐兵が期限付きであることを示すために「所要期間」という文字が追加されたものの、駐兵地域は単に「一定地域」とされ、地域の特定は避けられた。参謀本部の修正によるものであった。

ハル覚書の衝撃

頂上会談の提案に対する最終的な拒否回答が、一〇月二日付のハル覚書として示される。ハル覚書は、改めて四原則を強調したうえ、「不確定期間、支那特定地域に軍隊を駐屯せしめんとする要望」を「異議の余地あり」と明確に否定していた。さらに、太平洋地域における平和と将来の安定について、日本の平和的意図を示そうとすれば、日本軍隊の仏印、中国からの撤退を明確に宣言することが必要と指摘していた。

一〇月二日の覚書を受領した外務省幹部はショックであったが、なお交渉の余地ありとみなして、次の二点を含む対米回答を起案した。（一）中国派遣の日本軍は日中和平成立後二年以内に撤退する、ただし和平と同時に締結される日中合意によって「特定地域に限り右撤兵期間を更に三年間延長す」。（二）国際通商における無差別原則を「支那を含む太平洋地域に適用することは勿論異存なき所」。ただし、通商無差別原則は、必ずしも原則通りに世界に適用されていない実情からすれば、「自然的且合理的制限又は例外を認めむることも亦やむを得さるものなり」と付言していた。

この回答案の作成と前後して、とくに駐兵・撤兵問題について対策を検討した田中、武藤ら陸軍省部の幹部の会合は「外交の目途なし。速やかに開戦決意の御前会議を奏請するを要すとの結論に達」したという。一〇月二日のハル覚書の提示以後、中堅層の強硬論は一段とその度を増して行く。とくに彼らを刺激したのは、「異議の余地あり」と否定した中国駐兵条項であった。

一〇月四日の大本営政府連絡会議には、すなわち撤兵の時期と駐兵の期限を明示した外務省の譲歩案が、陸軍には回付されず（中堅幕僚を迂回して）提出されるが拒否される。一〇月二日の覚書が、撤兵をめぐって政府・軍部内に広範囲に対米強硬論を浸透させたことを物語っている。

こうして交渉の継続か否かの決定は、軍と政府の最高指導者の折衝にゆだねる外はない政治状況となり、軍・政府の最高指導者の動きが激しくなる。しかし、陸軍首脳は駐兵問題で譲る気配を見せず、東条英機陸相が駐兵緩和は不可能という態度を一〇月一四日の閣議で示した。その二日後、内閣は瓦解する。近衛首相は七月の閣内危機には松岡排除で対処したが、今回の危機には対処の術を失っていた。駐兵固守という固有の組織利益の貫徹をはかる陸軍の姿勢は、両論併記的な妥協による政治システムの維持を許さず、ついに近衛内閣を崩壊に導くのである。

一〇月一八日、東郷茂徳を新外相に迎えて東条内閣が成立する。木戸幸一内大臣が東条を首相に推薦したのは、九月六日の御前会議決定を白紙に戻すためには、これを「錦の御旗」としている陸軍、とくに「軍部中堅」を統制することが必要であるが、それができる人物は東条をおいてほかにはない、という考えからであった。東条内閣の成立を知った参謀本部戦争指導班はその日誌に、「『サイ』は投ぜられたるか」と書いた。駐兵に固執していた東条陸相が首相を兼任したとなれば、中国問題をめぐって対米交渉の決裂は明らかと思われたからである。しかし、その夜、九月六日の御前会議決定を白紙に戻すべし、という天皇の「優諚《ゆうじょう》」が伝えられる。

天皇の「優諚」を受けた東条は、大きく開戦に傾いていた陸軍中堅層から「変節」の非難を浴びつつ、一一月一日には、一一月末日を目途に外交交渉と戦争準備を併進させる、という国策を連絡会議決定とする（一一月五日の御前会議決定）。中堅層はこの決定に基づく戦争準備を、アメリカの全面受諾がない限り、引き返しはあり得ないという「戦略展開」として受け止めていた。外交はもはや作戦を有利に進めるための手段と化していた。しかし、東条や東郷外相は外交的妥結のために最後の努力を傾ける。

「甲案」「乙案」と日中和平問題

一一月一日の連絡会議では、最後的な対米交渉案である「甲案」と「乙案」が採択される。「甲案」は、通商の無差別問題では、無差別原則が全世界に適用されることを前提に、中国を含むアジア太平洋地域においても本原則が実施されることを認める、と特恵待遇を放棄していた。日本の北支那開発や中支那開発といった国策会社やこれらの子会社による独占的、差別的な通商、為替管理など第三国に対する差別待遇は、アメリカが交渉初期の段階から修正や廃止を要求していたものであり、無差別待遇の承認は重大な譲歩であった（臼井勝美『日本外交史研究』吉川弘文館、1998）。

中国駐兵については、駐兵地域（華北、蒙疆、海南島）を限定したうえ、これらの地域における撤兵期限を「概ね二五年」と限定していた（その他は二年以内）。駐屯期間こそ参謀本部の難色によって長期間となったものの、日米交渉の開始以来の大きな譲歩であった。それは、東郷外相が、駐兵地域の限定と期限の明示について強い態度を示し、東条と武藤が「日支和平基礎条件」の緩和に陸軍部内で強いリーダーシップを発揮した成果であった。

「乙案」は東郷外相が吉田茂元大使や幣原喜重郎元外相の協力のもとで、独自に準備した暫定協定案であった。対日石油供給と引き換えに、南部仏印の日本軍を北部仏印に引き揚げる、というもので、東郷によればその目的は「危殆に瀕せる事態を七月以前に引き戻し、且南方進出の意図なきことを事実を以て立証」することにあった。

中国問題について「乙案」は、アメリカは日中の和平努力に支障を与える行動をしないことが明記されていた（第四項）。具体的には、アメリカの援蔣行為の停止を求めたものであった。東郷は、大本営政府連絡会議において、「自分は先ず条件の場面を狭くして南の方の事だけを片付け、支那の方は日本自身の手でやるようにしたい。支那問題に米国の口を容れさせる事は不可也」と説明している。つまり、駐兵を含む中国問題は日中二国間の解決に委ね、アメリカの介入を避けるという「局地的解決」の立場を再び打ち出そうとしたのである。

ハル長官は、「甲案」に関する一一月一八日の野村との会談で、中国問題について中英蘭と連絡を保っていることを初めて明らかにし、太平洋の安定のためには中国の主権に累を及ぼすような条件を承認できず、中国問題は太平洋の安定と不可分である、というアメリカの立場を改めて鮮明にする。中国問題はもはや、日中間の「局地的解決」の枠組ではなく、国際的枠組みのなかで解決が図られるのであった。

一一月二〇日の「乙案」提示に対して、ハルは事実上、援蔣行為の停止を求めている条項（第四項）に反発し、「日本の政策が平和に向ふこと明確にせられざる限り援蔣政策打切り困難」と反駁した。東郷はこれらの報告を受け、二三日、米国は乙案第四項に難色を示しているが、日中和平交渉が開始されるならば、停戦協定も予想され、そうなればアメリカの援蔣行為も実際上、その必要が失われる、と指摘し、第四項をアメリカに受諾させること、妥結の場合は大統領の橋渡しによる蔣介石の和平提議を二九日までに実現させるよう訓令した。

　野村はハルにその趣旨を伝えるが、ハルは、英蘭豪の大使と会談して日本提案について意見を求めたことを明らかにしたうえ、米国が「橋渡し」をなす場合、援蔣行為打ち切りが条件ならば「公平なる紹介者」とはならないとして、第四項は承服し難いと述べた。他方、東郷は野村に対し、援蔣行為の停止は不可欠の要件であること、そのためには日中和平斡旋を含む「乙案」全部の貫徹が絶対必要であることを強く指摘している。東郷は、アメリカが援蔣行為を停止したうえで、「日支和平周旋」を蔣介石に働きかけ、日本もこれに呼応して日中直接交渉を実現する、というシナリオに最後まで期待をかけていたのである。

　両案の策定に関与した軍務局の石井中佐は、甲案では大統領による「橋渡し」を想定していたが、「乙案」はあえて「橋渡し」を求めず「自力解決」に委ねることを想定していたという。東郷や野村がこのように考えていたかは不明であるが、「橋渡し」を求めるにせよ、日米国交調整問題と切り離し「自力解決」を求めるにせよ、アメリカが日中和平の努力を妨害しないこと（具体的には援蔣行為を停止すること）が必要であった。

　他方、ハルは暫定協定案（南部仏印からの日本軍の撤退と引き換えに、英米蘭が対日禁輸の一部を解除するという骨子の米国案）の成立に努力していた。ミュンヘンの苦い経験（対独宥和政策）を繰り返すつもりはなかったが、対日戦の準備が完成するまでは、今少し時間が必要であった。一一月二二、二四日と英蘭中豪の駐米大使に図った暫定協定案は、ハルの予想以上の反発を招いた。数カ月の日米和解が成立したとしても、日本の中国における戦争の遂行を制限するものではなく、また中国は対日経済制裁を重視し、その解除は容認できるものではなかった。

蔣介石は一二月二四日の日記に、「在華日本軍の撤兵問題が根本的に解決される前に、日本に対するアメリカの経済封鎖政策が少しでも緩和されたら、中国の抗日戦は即刻崩壊してしまう。中国国民は中国がアメリカの犠牲にされたと思い、民主主義に対するアジア民族の信頼も喪失する」と書いた。アメリカは中国を犠牲にして日本と妥協を試みているのであった。たとえ「時間」が必要であったとしても、援蔣政策の停止という中国を見放す措置を採ることは国際的に許されなくなっていた。中国問題は、二国間の問題ではなく多国間協議の場において解決すべき問題となっていたのである。

ハル・ノートの「国際的解決」構想と日本

一一月二六日に提示されたハル・ノートは、中国や仏印からの一切の日本軍の撤収や汪精衛政府の否認のほか、「四原則」が太平洋地域の平和の基礎であることを強調しつつ、日米英ソ蘭中泰による「多辺的不可侵条約」の締結やインドシナの領土保全のための協定を提案していた。野村は、日本はワシントン会議以来、この種の「集団機構」に悩まされたという「頗る苦き経験」を有しており、「本案が九カ国条約的機構を復活せんとするものなるに於ては、我国としては四年間の今次事変が全く無益に帰することとなる次第」であり、容認しえない、と本国に打電している。

ここに日中戦争の解決について、日本が「国際的解決」に導かれることを拒否し、「局地的解決」に固執した理由が現れている。ワシントン会議以来、多国間条約の一員としての中国は、それを盾に抵抗を続けてきた、という認識である。

東郷は戦後の手記のなかで、戦争は防げたのではないか、という疑問が提起されることを想定し、「九カ国条約に対して日本の朝野がどの位奮闘して来たかは世人の記憶する所である」として、やはり九カ国条約に対する政府や議会の反発に抗し得なかったことを挙げている。「九カ国条約を厳密に解釈する場合、満洲国の独立、南京政府の自立の如き素より其正当性を失うことになるが、日本において何人が当時此政府を否認する者があったか」というわけである（東郷茂徳『時代の一面』改造社、1952）。

いずれにしても、ハル・ノートは東郷にとっては「失望」であったが、「乙案」による妥結を心配していた陸軍中堅層にとっては「天祐」であった。なぜならば、ようやく明確な開戦名目が得られ、「穏健派」の勢力回復を抑えて「国論の一致」が得られるからであった。

日本が期待した日米交渉における成果とは、中国問題へのアメリカの介入（援蔣行為）を避けつつ、アメリカの「橋渡し」によって日中直接交渉を実現し、日華基本条約を基礎とした和平条件をもって中国と直接交渉に臨むことであった。

とくに「欧州外交の成果」をもって対米交渉に臨んでいた松岡外相期には、具体的な日中和平条件をアメリカ側に提示することなく、援蔣行為の停止を強く求めた。しかしアメリカは、ハルの提示する「四原則」に対して日本が誠実に応じない限り、つまりアジア太平洋政策が「平和的」なものに向うという約束を得ない限り、援蔣行為を停止したうえで蔣介石政権に対して日中直接交渉を促し、「橋渡し」や「仲介」に乗り出す意思はなかった。

交渉の最終段階では、東郷は日中直接交渉の実現に固執し、中国問題へのアメリカの介入を避けるため、日中和平交渉と日米交渉とを分離させようとした。それが日本の最終的な妥協案である「乙案」であった。しかし、中国が犠牲となることを意味する日中和平交渉と日米交渉との分離や、中国援助を停止して日米妥協を図ることは不可能となっていた。それ以上に、和平条件をめぐって明らかになった中国駐兵に固執する日本の態度は、日本の「平和政策」の進展にとっても、アジア太平洋の安全と安定にとっても最も大きな障害と考えられたのである。

仮に「日中直接交渉」が実現していたら……

アメリカの斡旋によって仮に日中直接交渉が実現していたら、日華基本条約を基礎とする和平条件の解釈が問題となったであろう。前述のように、日華基本条約は三者三様の解釈が可能であったからである。

一つの解釈は東郷や外務省の解釈である。東郷は戦後の手記のなかで、「日支直接交渉の場合、公正にして緩和せられたる条件を以て両国間の関係を調整せんとするの方案を有していた」と書いている。東郷には、日華基本条約で約束された租界の返還、治外法権の撤廃といった措置を超え、開戦後の四二年末から重光葵駐華大使（四三年四月から外相）の下で展開された「対支新政策」が念頭にあったように思われる。つまり、日華基本条約の根本的改定による新たな関係の構築——治外法権や租界の撤廃はもとより、汪政権の独立・自主、互恵・平等を実質化した日華同盟条約（四三年一〇月）の締結、といったプロセスである。こうした新たな中国政策の構想が開戦前に提起されていたとすれば、アメリカの理解も得られ、少なくとも中国問題が主原因となって開戦にいたるという事態は避けられたかも知れないが、その鍵はやはり駐兵問題にあった。

もう一つの解釈は、中国における駐兵継続を重視する陸軍の立場である。とくに華北・蒙疆における「防共駐兵」は、対米交渉にあたって陸軍が一貫して重視していた条件であった。防共駐兵は、華北地域における共産勢力の伸張を考慮し、停戦後の治安駐兵や保障駐兵とは異なり、無期限駐兵が想定されていた。日米交渉の後半には、防共のための駐兵は「共同防衛」の概念のなかに吸収されて行くが、とくに陸軍にとって駐兵は防共目的が主であることに変りはなく、それが長期駐兵に固執した理由であった。前述のように、軍務局員として「日支和平基礎条件」の策定をになった石井によれば、華北・蒙疆地域における永久的な「防共駐兵」を明記しても、「北支の共産化の実情をつぶさに説明すれば……米といえども理解する望みはある」と考えられた。

その石井は、戦後の国共内戦による中国の混乱、ソ連の満洲駐屯という事態の展開を前に、駐兵に固守した立場の正しさを説いていた。東郷も獄中にあって、一九五二年に刊行した前掲の手記のなかで、「ヤルタにおいて満洲における独占的支配権をソ連に認めたのであるが、ソ連に認め得る所が何が故に日本に認めることが出来なかったか」と問いかけていた。

日米開戦後に現実に展開した日中関係は、上記のいずれの観点も後退を余儀なくされることになった。前者の東郷や外務省の立場は、重光外相が力を入れた「対支新政策」が行き詰まったように、汪政権の「自主性」を認めようとする方策は、日本軍による戦時統制が強化されるなかでは貫徹は困難であった。後者の「防共」を名目とした駐兵は、戦時外交における唯一の頼みがソ連となったことによって、国策レベルでは「防共」の強調は差し控えられるようになった。とくに四四年段階になると、中共の台頭にともない、一種の「容共」政策が重みを増してくる。その一方、現地軍（とくに北支那方面軍）は、文字通り「防共」を旗印に共産軍と戦い続けた。その先には、日本軍が「防共」を名目に華北一帯に居すわり続け、実質的に中国を支配するという戦後の姿があった。

ちなみに、防共のための駐兵という問題意識は、米ソ冷戦が厳しさを増していた一九五〇年代の日米開戦研究に反映される。例えば、ポール・シュローダーは五八年の著作（Paul W. Schroeder, *The Axis Alliance and Japanese-American Relations*, 1941）のなかで、アメリカは、四一年秋以降、日本の侵略からの「中国の解放」という目標を優先し、中国を解放することに成功したが、それによって大きな利益を得たのは共産主義者である、として、日米交渉における日本の駐兵固守の立場に理解を示している。シュローダーの議論は、アメリカの外交政策を支配していた中国に対する親近感や感情的な態度を「道徳主義」として批判したジョージ・ケナンの『アメリカ外交50年』に通ずる「現実主義」として一定の説得力をもっていた。

日中戦争の勃発当時、外務省東亜局長であった石射猪太郎は、三八年九月、同年一月の近衛内閣による蔣介石を「対手とせず」声明を批判し、日本にとって時局収拾のため残された道は、国民政府を相手とする以外にはない、として次のような意見書を宇垣一成外相宛に提出している（『日本外交文書　日中戦争』第一冊）。

蔣介石の下野を強制してはならない。たとえ、蔣介石政権を打ち倒したとしても、その後の政権は「弱体政権」たるを免れず、経済は破綻し、「国内に惹起せらるる混乱無秩序はその極に達し、その間、もっとも攪乱に成功するものは組織とイデオロギー持つところの共産党なるや必せり、……〔我が国は〕当面の敵として支那共産党を討つを余儀なくせられ、しかして共産党の背後にソ連あるを思うとき、これが平定には長年月と莫大な犠牲を払わせられ、日支提携による東亜の安定はおろか、経済開発等も実現困難に陥るべし」。

三八年以後の日中関係は、ほぼ石射の悲観的な見通しのように展開した。それは、蔣介石による中国統治に信頼を寄せず、否認し続けた結果でもあった。汪精衛政権を相手とするどのような「解決策」も、国際的に理解される日中戦争の解決策とはなりえず、その先に確かな展望も描き得なかったのである。

第九章　カイロ宣言と戦後構想

戦後国際秩序の形成

カイロ会談は、一九四三年一一月にエジプトのカイロで開催された。アメリカのローズベルト大統領、イギリスのチャーチル首相、中華民国の蔣介石総統が一堂に会して、主に対日戦争の進め方、そして戦後の大きな方針について協議した。その結果は、一二月一日にカイロ宣言として発表された（宣言は一一月二七日付）。このカイロ宣言は、後述するように戦後になっても、そして現在においても重要な文書として知られている。

この会議には、三首脳のほか、中国からは宋美齢（蔣介石夫人）、王寵恵（国防最高委員会秘書長）、商震（中央軍事委員会辦公庁主任兼外事局長）、アメリカからはリーヒー（海軍大将）、マーシャル（陸軍参謀総長）、キング（海軍作戦部長）、アーノルド（陸軍航空司令官）、スティルウェル（中国戦区参謀長）、イギリスからはブルック（陸軍参謀総長）、ケナン（海軍参謀総長）、ポーター（空軍参謀総長）、マウントバッテン（東南アジア連合国軍総司令）、カドガン（外務次官）などがいた。

連合国は、太平洋戦争勃発前の一九四一年八月にローズベルトとチャーチルが大西洋会談をおこない、八月一四日に大西洋憲章（Atlantic Charter）を採択していた。ここでは領土拡張を求めないことや、関係国民の自由に表明せる希望に合致しない領土的変更はおこなわないことなどが記されていた。そして、この憲章は四二年一月の連合国共同宣言によって支持された。アジア・太平洋の戦後に関する国際秩序の形成に向けた礎は、大西洋憲章、連合国共同宣言、そしてカイロ宣言、ポツダム宣言などを通じて築かれていく。

一九四三年の末にはすでに連合国は戦後構想を具体化しようとしていたが、中国は連合国の四大国の一員として、カイロ会談にも、また国際連合構想にも関与していた。また、同年一月に治外法権撤廃に成功するなど、次第に「大国」として振舞うようになっていった。連合国内で特に中国の重要性を唱えていたのは、アメリカのローズベルト大統領であった。中国が対日戦争において日本を直接攻撃できる戦略的要地にあり、また日本の大東亜共栄圏構想に対抗するためにも、アメリカの対日戦争がアジア諸民族にと

 っても「正義」の戦争であることを表現するためにも、中国を重視することが求められたのだった。

一九四三年末という時期は、まさにアメリカの対中重視の最終局面、あるいはそれが次第に切り替わろうとする時期だった。一九四四年になると、アメリカは日本を直接攻撃する拠点を太平洋に得るようになるし、また米中間にも中国戦線をめぐる角逐が生まれるようになっていく。

蔣介石の「算盤」

一九四三年の末にもなると、蔣介石はすでに戦後構想を抱き始めていた。日本への勝利はほぼ確信していたし、確かに共産党を意識はしていただろうが、中国で国民党が引き続き政権を保ち、かつアジアの盟主になることを想定していたであろう。

その戦後構想では、第一に戦後の中国がどのようなアジアのリーダーとなっているかという論点があった。蔣は、大西洋憲章の内容を世界の諸民族に適用すること、戦時の連合国の政治組織の期限付き設立などを求めて、アジアの代表としての中華民国の位置付けを確固たるものにしようとしていた。これは戦後構想にもつながる内容だった。大西洋憲章第三条の、〝they respect the right of all peoples to choose the form of government under which they will live; and they wish to see sovereign rights and self-government restored to those who have been forcibly deprived of them.〟については、その適用範囲がドイツ占領地域に限定されるのか、世界全体に適用されるのかについて議論があった。チャーチルは前者の理解であったのに対して、後者はローズベルトの理解だとされる。蔣介石は後者の見解に立とうとしたということになる。

第二に、日本をどのような存在とし、その敗戦国日本から何を賠償として得るのかということも含まれていた。蔣介石率いる国民党の政府は、のちに対日賠償請求権を事実上放棄したが、それは戦後になって数年経ってからの政策であり、戦争中には賠償委員会を組織して対日賠償請求額を弾き出していた。

第三に、今後の戦争の遂行の問題があった。この点での蔣介石の関心事は、英米で構成されているワシントンの連合参謀本部（Combined Chiefs of Staff、CCS）への中国の参加にあった。他方で個別作戦での関心事はビルマ戦線であった。ビルマ戦線については、日本軍がビルマから雲南に進出し、四川省の重慶国民政府へのいわゆる「援蔣ルート」を封鎖していたが、それを中国軍がインド側からビルマに入り、雲南省にいる中国軍とともに日本軍を挟み撃ちにしていこうとしていたのだった。

第四に、中米経済連携や鉄道計画、鉱産物の共同開発などがあった。

ローズベルト大統領は、ハーリー駐中国大使を蔣介石の許に派遣し、同大統領の立場を伝えている。会議に向けての一つの問題は中英間の確執があった準備期間中、蔣介石は香港を中国に返還させ自由港とすること（『蔣介石日記』一一月一四日）も想定していたのである。また、戦後日本の姿については、台湾・澎湖、あるいは満洲など、中国にとっての「奪われた領土」を中華民国に返還させることは当然としても、領土拡張主義をとらないために、琉球は種々議論があったが、最終的に論点として提出しないこととした。

「琉球と台湾は、我が国における歴史的な地位が異なっている。琉球は王国であり、その地位は朝鮮と同じである。そのため会議の提案事項については琉球を提案しないこととして、タイの独立問題については我が国から提案することにする」（『日記』一一月一五日）

当時、重慶国民政府内部での琉球に対する政策には揺れがあった。カイロ会談での蔣介石の主張は穏健であるが、『中国の命運』の一九四四年増訂版では四三年版と異なって琉球が中国領の一部だと読むことのできる表現もある。だが、どこまでを「奪われた領土」とするかには中国の言説に揺らぎが見られる。毛沢東も、一九三九年一二月の「中国革命と中国共産党」において、帝国主義国が中国から奪ったものとして、「属国と一部の領土」をあげ、日本が奪ったものには、台湾・澎湖だけでなく、朝鮮と琉球も含まれていた。だが、一九四九年以降になると、朝鮮、琉球が削除されて、帝国主義国が奪ったものは香港、マカオ、台湾などに限定されたのだった。

カイロ会談

蔣介石は一一月一八日に重慶を出発した。アッサムを経由して、二〇日にはちょうど訓練を始めたばかりの、カラチにある米中混合聯隊（Chinese-American Composite Wing, CACW）で兵卒を激励している。そして二一日に漸くカイロに到着した。蔣介石は英語を十分に話せるわけではなく、基本的に宋美齢や王寵恵らが通訳した。当時、蔣介石は宋子文（外交部長）を遠ざけており、外交部関係者が随行していないことも特徴である。

二一日夜、蔣介石はチャーチルと会談して、「会って話す前と比べるとやや（チャーチルに対する）印象がよくなった」（『日記』一一月二一日）と述べていた。ローズベルトは二二日に到着したが、蔣介石とはあまり長くは話しておらず、本格的な米中首脳会談は二三日に開かれた。この日にローズベルトと話し合ったことを蔣介石は以下のように日記でまとめている（『日記』一一月二三日）。

（一）日本の将来の国体問題。（二）共産主義と帝国主義の問題は重要だ。自分はローズベルトに賛同し、ソ連の共産主義に対する政策に一定の初歩的な成果が見られていることは喜ばしく感じるが、ただイギリスの帝国主義に対する政策については、それが機能し成功することによって、世界の圧迫されている人類が解放されることを希望するが、そうなってこそ、アメリカのこの大戦における貢献が報われることになろう。（三）領土問題。東北四省、台湾・澎湖諸島などは中国に返還し、琉球については国際機関に委託し、（以下は一一月二四日に記す）米中で共同管理することを提案した。その理由は、第一にアメリカを安心させるため、第二に琉球は日清戦争以前から日本に属しており、第三にアメリカと共同管理する方が中国だけで管理するより妥当なこと。（四）日本の対華賠償問題。（五）新疆およびその投資問題。（六）ソ連の対日参戦問題。（七）朝鮮独立問題。この点は特に重視して、ローズベルトの注意を喚起し、自らの主張を支持するよう求めた。（八）米中連合参謀本部。（九）ベトナム問題。自らとしては特に米中両国でその独立を扶助し、イギリスの賛成を求める。（一〇）日本の投降後、その三島《ママ》の駐兵監視問題。自分は、これはアメリカが主導し、もし中国の派兵が必要ならば、それに協力するとした。だが、ローズベルト大統領は中国を主体とすべきとの意見を堅持した。そこには考えがあるのだろう。

この米中首脳会談を踏まえてカイロ宣言案が取りまとめられた。まず、アメリカ側からの案が送られてきたようだが、蔣介石はそれを自分が前日に提案した内容の要約だとして完全に同意している。また、イギリスからはカドガン外務次官による修正提案が提出された。そこでは、朝鮮の独立にはソ連との調整が必要であるとか、満洲や台湾・澎湖については、日本の放棄だけを記すという提案がなされていた。なお、蔣介石はインドをめぐる問題の提案を想定していたが、チャーチルの反対を予期したローズベルトが反対したとされる。

二五日には、蔣はチャーチルと再び会談したが、蔣は「聞きたくもない話」を一時間

1943年11月25日に撮影されたカイロ会談時の写真。左から蔣介石、ローズベルト、チャーチル、宋美齢（写真提供　毎日新聞社）

も聞かされ、ようやく本題のビルマ戦線の話になったと述べている。蔣のチャーチル評価はきわめて厳しくなり、「狭隘浮滑、自私頑固」の八文字に尽きると断じている（『日記』一一月二五日）。蔣介石はカイロ会談が終わってからもイギリスへの警戒を強調していた。

また、同日には広く知られているカイロ会談の写真撮影がおこなわれた。蔣は同日の日記で、ローズベルトが自分に真ん中に座れと勧めたが自分は固辞して座らず、自らその右側に座り、チャーチルがその左側に夫人（宋美齢）を誘って座り、一緒に撮影した、と述べている。

カイロ宣言の内容

蔣介石はローズベルトとの会議を二六、二七日も重ね、二七日の夜にはカイロを経った。一一月二八日から、テヘランではローズベルト大統領、チャーチル首相に加え、スターリンソ連議長が会談を開いた（テヘラン会談）。この会談では、欧州戦の進行方法とともに、欧州の戦後政策だけでなく、ドイツ降伏後のソ連の対日参戦などが話し合われた。カイロ宣言もまた、テヘラン会談を経て一二月一日に公表された。中国自身は連合国の「四大国」の一員だとの自負心を有していたが、米英で構成される連合国参謀本部に加われないだけでなく、戦争の進め方も戦後構想も米英ソが中心に協議するようになり、中国は除外されていった。それはアジアを対象にした内容でも同じであった。ただ、国際連合創設については、中国の発言権は一定程度維持された。

　それではカイロ宣言はどのような内容なのだろうか。下に英文と外務省が作成した和文（逐語訳ではない）をあげたい。

The Three Great Allies are fighting this war to restrain and punish the aggression of Japan. They covet no gain for themselves and have no thought of territorial expansion. It is their purpose that Japan shall be stripped of all the islands in the Pacific which she has seized or occupied since the beginning of the first World War in 1914, and that all the territories Japan has stolen from the Chinese, such as Manchuria, Formosa, and The Pescadores, shall be restored to the Republic of China. Japan will also be expelled from all other territories which she has taken by violence and greed. The aforesaid three great powers, mindful of the enslavement of the people of Korea, are determined that in due course Korea shall become free and independent.

「右同盟国ノ目的ハ日本国ヨリ千九百十四年ノ第一次世界戦争ノ開始以後ニ於テ日本国カ奪取シ又ハ占領シタル太平洋ニ於ケル一切ノ島嶼ヲ剝奪スルコト並ニ満洲、台湾及澎湖島ノ如キ日本国カ清国人ヨリ盗取シタル一切ノ地域ヲ中華民国ニ返還スルコトニ在リ日本国ハ又暴力及貪欲ニ依リ日本国ノ略取シタル他ノ一切ノ地域ヨリ駆逐セラルヘシ前記三大国ハ朝鮮ノ人民ノ奴隷状態ニ留意シ軈テ朝鮮ヲ自由且独立ノモノタラシムルノ決意ヲ有ス」（外務省が同時代に訳した日本語テキスト）

まず、冒頭ではこの戦争について英米中の三国が自らの領土拡張を求めて戦争をおこなっているのではないと明言する。これは当然のことのようでありながら、日本にとっては重要である。例えば、前述のように蔣介石が琉球について述べていたのはそれに関連する。琉球が朝鮮同様にもともと独立国であれば、また日清戦争以前に日本領であったとすれば、中国が琉球を領土として要求することはできない、ということになるのである。

次に、一九一四年にはじまった第一次世界大戦以後に日本が奪取（seized）し、あるいは占領（occupied）した太平洋におけるすべての島々（all the islands in the Pacific）を日本から剝奪する（stripped）とする。

その次に記されているのは、日本が中国から盗取（stolen）した、満洲、台湾、そして澎湖諸島などは中華民国に返還されるべし、ということである。サンフランシスコ講和条約でただ日本が放棄するとされていることと対照的である。台湾と澎湖が分けられているのは、一八九五年の下関条約締結時にも台湾と澎湖が切り離されて記されていることに由来する。「盗取」というのは、日本の植民地取得に違法性、侵略性があったとする歴史観が反映されている。興味深いのは、原文のChineseが日本側により「清国人」と訳出されていることである。これは、日本が「盗取」したとされる「満洲」の意味を、日本が日露戦争を契機に清から得た旅順大連租借地（あるいは満鉄利権）だけに限定し、中華民国の時期に日本が得た諸利権を除外しようとしたからであろう。そして、これらを中華民国に返還すると明記できたことは後世に大きな影響力をもつ。戦争終結直前にソ連が満洲に侵攻しても、ソ連は満洲の主権は中華民国に属することを認めていた。だが、台湾ではこの中華民国への返還という内容をめぐってさまざまな論争を生むことになっていく。

まず、中華民国への返還とは、一九四三年段階で国際的に承認されていた中国政府への返還を意味するのか否かという問題がある。つまり、一九四九年一〇月一日以後は中華人民共和国と読み替えることができるのか、それとも台湾に遷った中華民国への返還なのか、という問題である。次に、カイロ宣言には外交文書としての有効性はない上に、サンフランシスコ講和条約では台湾や澎湖に関して日本の放棄としか明記されていないので、台湾、澎湖の将来の地位は未定で、独立や国連管理も含めてさまざまな選択肢があり得るという立場をとる向きもある（台湾地位未定論）。だが、一九五二年の日華平和条約で日本は事実上中華民国が台湾、澎湖を統治しているのを認めていることを重視し、中華民国が台湾、澎湖を統治する正当性があるとする見解もある。

最後に、暴力及び貪慾によって日本が略取したすべての地域から日本が駆逐されること、また日本により「奴隷状態」に置かれた朝鮮について、しかるべき適当な時期に(in due course)自由独立とする、とされている。

一九四三年は蔣介石にとって重要な一年であった。年初に英米との間で治外法権が撤廃され、またアメリカの対華移民制限が議会の決議で解除され、そして年末にカイロ宣言で満洲、台湾、澎湖の中国返還、さらに朝鮮の独立が盛り込まれたのである。蔣介石は『日記』の年末の「感想と反省録」において、これらの成果によって、「我が国の半植民地の地位、百年間受けてきた国恥と汚辱が抜き取られ、綺麗に除かれた」としている。だが、同時に「しかし、真の平等と独立自由の地位は、今後二〇年間努力と奮闘を重ねなければ、なかなか得られないであろう」と、このカイロ会談での成果で決して満足しておらず、またそれが真の独立を得たとは見なしていないことが述べられていた。

カイロ宣言の「重要性」

カイロ宣言は一般にCairo Declarationと訳される。だが、文書それじたいはあくまでもコミュニケ（Communique）としてプレスにリリースされたものであって、首脳の署名もない。そのため、形式としては、外交的に効力を有する文書だとは言い難い面がある。しかし、この宣言は中国などによって現在もきわめて重視されている。それはなぜか。

このカイロ宣言が重要となった一つの理由は、ポツダム宣言の第八項による。そこには、「The terms of the Cairo Declaration shall be carried out and Japanese sovereignty shall be limited to the islands of Honshu, Hokkaido, Kyushu, Shikoku and such minor islands as we determine.」とある。日本語では外務省の訳に基づいて、「八『カイロ』宣言ノ条項ハ履行セラルヘク又日本国ノ主権ハ本州、北海道、九州及四国竝ニ吾等ノ決定スル諸小島ニ局限セラルヘシ」とされることが多い（ここでは多く述べないが、ここにある「日本国ノ主権ハ本州、北海道、九州及四国竝ニ吾等ノ決定スル諸小島ニ局限セラルヘシ」という部分は日本にとって重要である。ここで〝shall be〟とあるように、このポツダム宣言の段階では日本の主権が及ぶ範囲はまだ明確ではなく、日本の降伏後に「吾等」によって決定されるとなっている。日本は、降伏後、講和会議に向けてアメリカとこの主権の及ぶ範囲について交渉を重ねて最終的にサンフランシスコ講和条約の条文が策定される。最終的な条文は簡潔だが、その条文が作成されていく過程で、日米間でかなり詳細にひとつひとつの島の名前を特定するような交渉がもたれた。そこでは、竹島も尖閣諸島も日本の主権が及ぶ範囲だとされていた。日本はこれを以て、これらの島々が日本領だとする大きな根拠としている）。

ポツダム宣言は、米英中三カ国により発せられ、ソ連の参戦後に、ソ連もそこに加わった日本への降伏勧告文書であり、日本はそれを受け入れて敗戦に至った。ポツダム宣言で「履行セラルヘク」とされている以上、カイロ宣言は無視できないものとなっている。だが、日本は一九五一年九月にサンフランシスコ講和条約を締結しており、これが日本の戦後の国際社会への復帰の足がかりとなった。そのため、日本が戦後の日本、東アジアを考えるとき、サンフランシスコ講和条約を基点にすることが少なくない。

だが、「片面講和」という言葉があった通り、サンフランシスコ講和会議は朝鮮戦争の最中、まさに東アジアに冷戦が形成されていこうとする過程で開催された。そのために、一度で全ての交戦国と戦争を終わらせる機会を日本は得られなかった。だからこそ、戦後処理や和解への道程は複雑化していくことになった。特に主たる戦場となった中国、また植民地支配を受けた朝鮮半島や台湾に戦後できた国やそこを統治した国々は、サンフランシスコ講和会議に参加しなかった。中国や朝鮮半島が分断国家になったことはいっそう日本の戦争や和解への対応を難しくしていったのである。

日本と戦争をおこなった中華民国政府は、国共内戦に敗れて一九四九年末に台湾に逃れた。また同年一〇月、中国共産党は中華人民共和国の建国を北京で宣言した。「二つの中国」が出現したことになる。中華人民共和国が社会主義国であったこともあり、この「二つの中国」は朝鮮戦争の過程で冷戦に組み込まれ、東西両陣営の境界線が台湾海峡に形成されることになる。

一九五一年にサンフランシスコ講和会議が開催された時、どちらの中国政府を招待するかについて、英米両国が対立した。アメリカは中華民国を、香港問題があるために中華人民共和国を半ば承認していたイギリスが中華人民共和国を招聘しようとし、最終的にどちらも招聘しないことになったのだ。アメリカは中華民国政府に相談しながら条約案を固めていき、同条約の第二一条には、中国がこの条約から得られる諸権利が定められている。しかし、「二つの中国」政府がともにサンフランシスコ講和条約に調印しない以上、日中関係は正常化されないので、一九五二年四月に日本と中華民国との間に日華平和条約が締結されたのだった。この条約はサンフランシスコ講和条約発効前に調印されたが、同条約を参照しており、サンフランシスコ講和条約に関連付けられた条約だと言えた。

しかし、一九七二年九月二九日に日本が中華人民共和国と国交を結ぶと、この日華平和条約は破棄されてしまった。中華人民共和国政府は、サンフランシスコ講和条約に調印しておらず、また戦後初期に日本と講和条約を結んだわけでもないので、同日の日中共同声明であらためて両国関係を規定したが、その内容は必ずしもサンフランシスコ講和条約に直接的には関連付けられていない。しかしながら、日中国交正常化の最大懸案だった台湾問題は深く「サンフランシスコ体制」と結びついていた。

目下、中国は、日中関係の基礎としての第二次世界大戦での中国の勝利と日本の敗戦との関係性をカイロ宣言に基づいて理解している。中国は戦勝をカイロ宣言とポツダム宣言で理解している、といっていい。それに対して、日本はポツダム宣言とサンフランシスコ講和条約に依拠して敗戦を理解している。これこそが尖閣諸島などの領土問題や歴史認識問題をめぐる日中間の論理立ての根源的矛盾のひとつである。尖閣諸島について、日本がサンフランシスコ講和条約交渉過程でアメリカにより日本領だと認定されたと主張し、中国がカイロ宣言で中華民国に返還されるとされた台湾に尖閣諸島が含まれるとしているのは、その代表的な論点であろう。

カイロ宣言と歴史研究

実のところ、カイロ宣言は研究者泣かせのテーマである。外交文書が十分に保存されていないのだ。中国も同様で、『蔣介石日記』や王寵恵の回想などが基礎史料となる。

昨今、カイロ会談当時、ローズベルトが蔣介石に対して、中国による琉球の領有を再三にわたって求めたが、蔣介石がそれを拒絶したという話が指摘される。これは一一月二三日のローズベルトと蔣介石の会談での会話としてアメリカ側の史料などに現れる。だが、たとえばアメリカの対外政策の基本史料集として知られるFRUS（The Foreign Relations of the United States）については注意が必要だ。

一九五六年、アメリカはこの史料集編集に際して台湾（中華民国）の外交部にカイロ会談について照会をおこない、台湾側の修正案に基づいて内容を作成していった。この時、外交部には会議記録はなかった。宋子文ら外交部関係者がカイロに同行していなかったためであろう。そのため、王寵恵のメモをもとに会議記録が修正、作成された。そして、その原案を蔣介石が修正した。その修正過程が台湾の外交文書に含まれている。そこには、誰が修正を加えたかについても詳細な記載があり、蔣介石自身が手を加えたところも看取できる。ローズベルトが「再三にわたって」琉球を欲するか中国側に尋ねた、などとされる部分の、「再三にわたって」という表現などは、蔣介石がこの時に書き加えた部分である。一九四三年の会議の記録と、一九五六年に書き加えられたこととの間の異同などから、いまいちど史料批判をおこない再検討していくことでいっそう史実が明らかになるだろう。

第一〇章　終戦と日中戦争の収拾

「負けた気がしない」敗戦

多くの日本人にとって敗戦とは、太平洋戦線における米軍に対する惨敗であり、中国戦線における敗北ではなかった。中国戦線で航空部隊を率いた遠藤三郎（元少将）は、『日中十五年戦争と私』（日中書林、１９７４）のなかで、「私自身従軍して直接戦った戦闘では一度も敗けた経験はありません故、心底から敗けたとは思いませんでした。……戦争が不利になったのは戦争目的の不純や物量の不足もさることながら中央の戦争指導が拙劣であったことが主因であると思っております」と書いている。

「先の大戦」は、一九三七年に始まる日中戦争、真珠湾攻撃に始まる日米戦争、主に東南アジアを舞台とした日英戦争、終戦前後の日ソ戦争という、四つの戦場の「複合戦争」であった。米英中ソの四大連合国の結束は維持されたが、それぞれが担った戦場の様相も、今に残る傷痕もそれぞれ異なる。

確かに、アジア太平洋を舞台とした日米戦争は、戦域の広さと伸縮性、戦場の多様さにおいて他を凌駕する。この日米戦争に次ぐ四〇万人以上の戦死者を出したのが日中戦争である。他国民に与えた被害という点では日米戦争をはるかに凌駕する。その傷痕は単なる「わだかまり」にとどまらない。中国では日本軍による戦争犯罪を問い、謝罪や補償を求める運動が世代を超えて展開され、日本政府を相手とした裁判が今日まで続いている。

遠藤元少将の回想のように、中国戦線の将兵たちが敗戦感に乏しかったことは良く知られているが、敗北を敗北と自覚しない意識は、政府も同じであった。敗戦直後から、居留民の大量の復員と引揚げに苦闘しつつも、「勝者」であるはずの国民政府と対等な関係であるかのように振る舞い、戦後の日中関係の望ましいあり方を模索する時期がしばらく続く。本章は、中国戦線における複雑な「敗北」の姿と、その意味を素描してみる。

歴史の if―ポツダム宣言の受諾を拒否し、戦争を継続していたら

「もし、あのとき、あの決定、あの選択がなされていたならば」という仮定が、単なる空想ではなく、過去の検証に役立つ場合がある。日本がポツダム宣言の受諾を拒否して戦争を継続したならば、どのような事態になったのか、という仮定もそうである。当時の内外情勢を考慮に入れると、かなりの確度で予測が可能である。それはこうである。

恐らく一九四五年八月下旬ころ、「決号」（本土決戦）作戦計画が実行に移され、日本本土は沖縄と同様の戦場と化す。九州南部と関東平野に上陸した連合国軍は、水際防御陣地を突破し、日本軍と激戦を繰り広げながら、やがて東京に迫る。第三発目の原爆が投下され、山間部でゲリラ戦が展開される。輸送路は分断され、食糧や弾薬が底をつきる。本土と分断された外地軍はさらに混乱を極める。内外地とも、おそらく古代カルタゴの崩壊にも似た、絶望的な戦いが続く。皇居の守りは固められるが、やがて連合国軍の集中攻撃を浴び、天皇は三種の神器とともに松代大本営に移動する――。

四五年四月に組閣した鈴木貫太郎首相が想定していた終戦とは、こうした最悪事態に陥る前に、閣議が一致してポツダム宣言の無条件受諾を決定し、天皇の裁可を仰ぐという形で内閣の輔弼責任を全うすることにあったと思われる。その鈴木は、いつ、どのように「聖断」という方式での終戦を考えるようになったのか。

広島、長崎への原爆投下、そしてソ連の参戦という「外圧」のなかで、八月九日以降の閣議は、ポツダム宣言の受諾条件をめぐって抜き差しならぬ対立に陥る。鈴木首相が閣内不統一のまま二度の「聖断」を仰いで終戦を決断した経緯は良く知られている。明治憲法のもとで、望ましい立憲君主像とは、輔弼者である内閣の意思に従うことであった。例えば、日米戦争の決定は内閣が一致して開戦を決定し、それを天皇が裁可したものであった。しかし、鈴木は閣内不統一のまま、御前会議を召集して聖断を仰いだ。

鈴木によれば、立憲君主制の建前からして、御前会議は権威づけのための「手続き」にすぎず、天皇や国民の意思が政治に反映されていないのが実情であった（『鈴木貫太郎自伝』時事通信社、1968）。天皇の意思を無視した開戦の決定はまさにそうであった。

鈴木は後に、二度の聖断について「真に国運を左右するような非常事態に立ち至って、論議が決定せぬときには、国の元首たる陛下のご裁断を仰ぐべきが、真の忠誠の臣のなすべき道である、余はかねがね考えていた」と語っている（自伝）。聖断という決定方式は、鈴木だけではなく、木戸幸一内大臣や近衛文麿、重光葵などによって天皇の「内意」を探りつつ、秘かに練り上げてきたものであった。彼らにとって、閣内不一致のまま、最後的決定の責任を天皇に帰する聖断とは、避けるべき選択であったのに対し、鈴木にとっては活用すべき選択であった。鈴木は、こうした観点から、東条内閣が日米開戦を決意した後に「裁可」を仰いだことを批判し、総理は和戦の決断を天皇に仰ぐべきであったという。

立憲君主制に徹し、最後的決断を天皇に求めないことが明治憲法下の政治指導者の行動準則であったとすれば、鈴木のそれは逆であった。ただし、天皇に最後的決断を求めるとしても、政治的責任は輔弼者たる総理が負うべきであり、国家意思は「聖断」によって定まったものではない、という法的形式を完全に整える必要があった。実際、八月一四日の聖断はこうした手続きがとられたのである。

このような鈴木の終戦指導について肯定的な評価がある一方、輔弼の責任を放棄したものという批判は、当時でも閣内外にあった。しかし、鈴木はこうした批判を覚悟で聖断を選択した。それは未曾有の国難にあって、天皇と国民の意思を最高意思として御前会議の場に直接、反映させるために外ならなかった。天皇もそれに応えた。

天皇はそれまで、御前会議は「全く形式的なもので、天皇には会議を支配する決定権はない」(『昭和天皇独白録』文春文庫、1995)という建前を墨守していたが、それでは国体も国民も救えないと考え、「肝胆相許した」鈴木と運命を共にすることを決断する。

「聖断」は、確かに輔弼制度の蹂躙であったが、鈴木にとっては、政治を国民と天皇の手に取り戻した瞬間でもあった。

分離された日米戦争と日中戦争

ところで、鈴木首相にとって幸いなことは、収拾すべき戦争が、複雑化・泥沼化していた日中戦争ではなく、もはや軍事力の戦いに収斂していた日米戦争であったことである。鈴木の聖断の選択も、もはや本土と分断され、収拾の手段を失っていた日中戦争よりも、無条件降伏を避けるため、ともかく対米戦争の終結を優先させた結果であった。

こうして日中戦争と日米戦争とは、事実上切り離されて収拾されることになった。こうした事態を如実に示しているのが「終戦の詔書」である。「終戦の詔書」は「開戦の詔書」に対応して作成され、日米(英)戦争の終結を天皇の名で内外に宣言したものであるが、日中戦争には全く言及されていない。中国大陸を舞台とした日中戦争、満洲や樺太・千島を舞台とした日ソ戦争は、八月一五日以降も続いたのである。

大本営と政府は、すでにポツダム宣言受諾を知っていた外地軍が、大本営の指揮命令を離脱し、秩序を崩壊させることを恐れた。八月一四日には、岡村寧次総司令官は、阿南惟幾陸軍大臣と梅津美治郎参謀総長に、「数百万の陸兵が決戦を交えずして降伏するが如き恥辱は世界戦史に其の類を見ず、百万の精鋭健在の儘敗残の重慶軍に無条件降伏するが如きは絶対承服し得ず」と訴えていた。南方軍からも同趣旨の緊急電が届いていた。そこで八月一四日午後六時、阿南陸相と梅津参謀総長は連名で「帝国の戦争終結に関する件」を全陸軍に発電した。この緊急電報は、帝国の最終的政体は日本国民の自由意思により樹立されるべしという条項は国体を毀損しない、という天皇の判断のもとで聖断が下ったこと、停戦命令が発令されるまでは、依然従来の任務を続行すべきこと、さらに一五日の玉音放送を予告していた。

要するに、終戦の詔書と大本営命令を分離し、大元帥としての天皇の直接命令である玉音放送を予告して、軍の規律を保たせようとした。八月一五日の玉音放送後、大本営は大陸命（大本営陸軍部命令）一三八一号を発令し、詔書の主旨を完遂すること、各軍は別に命令するまで任務を続行すべし、ただし積極進攻作戦を中止すべし、と命じた。翌八月一六日、大本営は大陸命一三八二号をもって、内外地全軍に対し、即時戦闘行動の停止、やむを得ざれば自衛戦闘を妨げず、という命令を改めて発するのである。

武装解除をめぐる駆け引き──支那派遣軍・国民党軍・中共軍

終戦時の中国大陸には、以下の三つの軍隊が互いに勢力を争っていた。①南京を拠点に、華北全体と長江中下流の主要都市とそれらを結ぶ鉄道沿線を支配していた日本軍（支那派遣軍南京）、②重慶を拠点に、四川省、雲南省など南西部の奥地を支配する国民政府軍（国民党軍）、③華北の日本軍占領地を取り囲むように「辺区」（のちに解放区と呼ばれる）を押さえていた共産党軍（八路軍、新四軍主体）の三つである。そのほか、中国側から「偽軍」あるいは「傀儡軍」と呼ばれる、南京国民政府軍（汪精衛軍）が日本軍に協力する形で編成されていた。

支那派遣軍の兵員数は約一〇五万人に対し、国民党軍は四〇〇万人を超え、共産党軍は三〇〇万人を超えるとされたが、いずれも劣悪な装備で訓練も不十分な新規兵、予備兵、民兵が半数以上を占めていた。南京政府軍も約八〇万人近くに及んだが、臨時に召集された兵士が多く、その戦闘力は日本軍に比べようもなかった。

これらの軍隊のなかで指揮統率が末端まで行き届き、旺盛な士気を保っていたのは支那派遣軍であった。その派遣軍は、突然の降伏にとうてい納得しなかった。岡村総司令官は、一四日の電報（上記）に加え、翌一五日にも、梅津参謀総長宛に、「派遣軍は百万の大軍を擁し、然も連戦連勝、戦争には敗れたりと雖も、作戦には圧倒的勝利をしめあり、斯くの如き優勢なる軍隊を弱体の重慶軍〔国民党軍〕により、武装解除さるるが如きは、有り得べからざること」と降伏の拒絶を打電している。

こうした派遣軍の降伏拒否の姿勢を鎮めるため、大本営は、朝香宮鳩彦王を天皇の名代として南京に派遣している。結局、派遣軍は天皇の命令による降伏を受入れ、直ちに武装解除の準備に取りかかる。しかし、広大な中国大陸に展開した部隊が一斉に停戦し、武装解除するのは不可能であった。投降の相手先も、連合国の正式な一員として戦った国民政府軍とは限らなかった。共産党軍も、日本軍の武器や装備をのどから手が出るほど欲しがっており、接収競争の渦中に投げ込まれることになる。

国民政府軍と日本軍の接近

国共の両軍は、日本がポツダム宣言の受諾の意思を表明した八月一〇日から、争って日本軍の降伏受入れと武器・装備の接収に乗り出す。

まず、ソ連の対日参戦直後の一〇日深夜には、延安総司令・朱徳が、「各解放区のいずれの抗日武装部隊は、ポツダム宣言の規定に従い、その付近の都市や町、交通の要路にある敵の軍隊および指揮機関に通牒を発して、一定期間内に全ての武器を供出させなければならない」と指示した。武装解除された日本軍の投降相手がポツダム宣言に明示されていなかったにもかかわらずである。

さらに、朱徳は一五日に、国民政府は解放区の人民を代表し得ないこと、解放区抗日軍は、来るべき対日講和会議に代表を選出する権限をもつこと、などを米英ソ三国に申し入れるとともに、解放区の日本軍に対しては共産軍への投降を命じた。共産党こそが連合国の一員としての中国を代表するとのアピールであった。

一方、蔣介石は八月一一日、何応欽総司令に対し、「管轄区域内の敵軍に、当方が指定する軍事長官以外の何人に対しても、降伏・武装解除してはならない旨を警告すること」と指示した。さらに蔣介石は、同じ日、「現地駐防令」を発し、第二次国共合作のもとで、形のうえでは国民党軍の指揮下にあった共産党軍（八路軍）に対しても現駐地に駐屯して命令を待つよう指示した。つまり、共産軍には武器・装備を渡さないという意思を示した。しかし、すでに各部隊に吉林、熱河、察哈爾《チャハル》に向け発信を命令していた朱徳総司令は反発し、命令を無視した。

蔣介石にとっての急務は、日本軍占領地域に対する共産軍の進出を阻止することであった。そのため、蔣は八月一四日、岡村総司令官に、「停戦後、日本軍はしばらくその武器と装備を保有し、現在の態勢を保持し、同時に駐在地の秩序および交通を維持し、中国陸軍総司令何応欽の命令を待つこと」と指示した。

中共軍は、日本のポツダム宣言受諾後の八月一六日頃から華北一帯と江蘇省北部において、日本軍に対して武器引渡しの要求に乗り出す。派遣軍総司令部は「不法なる治安攪乱者に対しては蔣委員長の統制下になきものと見做し、やむを得ず、断乎たる自衛行動に出ずべし」と中国各地の部隊に通告した。八月一六日の大本営による命令（大陸命一三八二号）は、全軍の即時戦闘行動を命じ、やむを得ない「自衛行動」を認めていたが、その方針に基づいたものであった。

八月二一日から二三日の間、最初の降伏交渉が芷江で開催される。国民政府側は、この芷江会談に臨むにあたり、士気旺盛な派遣軍が降伏を認めず、武器や装備の接収に応じない場合の混乱を恐れ、「日本留学組」を交渉担当者に任命し、友好的な折衝のうちに武装解除を円滑に運ぼうとした。武装解除の遅れは、中国の復興を妨げ、共産軍の進出を許すことになるからであった。実際、国民党軍の代表者には「日本留学組」が数名含まれ、今井武夫・派遣軍総参謀副長らと旧交を温める場面もあった。

こうした国民党側の配慮もあってか、「何応欽総司令部の対日態度は、概ね理解があり、且つ友好的で、克く報復的民族感情を抑制」していたという。この芷江会談の一つの成果は、日本軍の「自衛行動」が国民党軍によって支持されたことで、それが派遣軍と国民党軍の協力関係の基礎となる。

華中・華南では終戦後に戦闘はほとんどなく、大半の部隊が四五年一〇月までに武装解除が完了する。しかし、華北一帯や江蘇省北部では、上記のように、国民党軍の到着が遅れ武装解除がずれ込み、日本軍は中共軍の攻撃に対する自衛戦闘のため八月一五日以降も七〇〇〇名の死傷者を出した。全面的な武装解除の完了は四六年一月のことであった。

この間、蔣介石が頼みとするアメリカは、国共内戦の危機を感じつつも、積極的な関与を控えていた。その一方、米軍は国民政府軍を上海・南京・北京を含む華中・華北の主要地域に輸送し、国民政府による主要都市の接収を支援する。こうして南京進駐部隊は九月初旬から続々と空輸によって到着し、国民党軍は八年ぶりに首都南京に入城した。九月九日、岡村派遣軍総司令官が南京で降伏文書に調印し、何応欽中国陸軍総司令に降伏した。また、台湾では一〇月下旬に投降式が挙行され、五〇年に及ぶ日本の台湾支配が終焉した。

中ソ友好同盟条約と中共の方針転換

四五年八月一四日、中ソ友好同盟条約が締結される。二月のヤルタ協定の合意事項を、中国に承認を求める中ソ交渉が六月から進められていたが、それがまとまったものである。ソ連は、戦後中国におけるアメリカの優越的立場を認め、対米協調のもとに国民政府を揺さぶり、ソ連にとっての利益を獲得することを狙っていた。そのソ連は、中ソ交渉を通じて、ヤルタ協定で約束された大連における優先的権利、旅順の租借権、満洲鉄道の共同管利権などを得た。他方、蔣介石は、こうしたソ連の権益を認めざるを得ず、中ソ友好同盟条約に応じた。共産軍をかかえる蔣介石は、ソ連が国民政府を事実上、中国における唯一の正統政府（条文では「中央政府たる国民政府」と表現）と認めていることで満足するより外はなかった。

それでも中ソ条約は、ソ連による国民政府への支持と援助を約束していたため、ソ連の後ろ盾を失った共産党軍の行動に一定の影響を与える。

中共軍は、八月一〇日以降、華北を中心に日本軍の占領地域に進攻し、日本軍と汪精衛軍（偽軍）の武装解除による武器の獲得、大都市と幹線の占領を企図していた。しかし八月二二日、中共は、華北における大都市及び主要幹線の占領をあきらめ、「必要な兵力をもって小都市と広大な農村を奪取して解放区を拡大し、強化する。群衆闘争を引き起こし、新たな局面に対応して長期的なもくろみを図る」と方針転換する。小都市と農村の確保に乗り出し、主要部隊を満洲に移動させた。

中ソ友好同盟条約によってソ連という後ろ盾を失ったことが、中共軍の日本軍占領地域への進攻を躊躇させた背景の一つとされる。いずれにせよ、八月下旬から一二月にかけて、中共軍約一一万が、熱河、山東など満洲隣接地域を中心に、中国本土から満洲方面に移動した。この大移動は、熱河、冀東、山東において日本軍との摩擦が避けられるという効果をもたらした。満洲に移動した中共軍は、関東軍の武器や装備を手に入れ、ソ連軍と協力しつつ発展し、新中国成立の原動力となる。中共軍最初の戦車隊、砲兵縦隊をもつ近代化部隊（第四野戦軍）が日本人技師の協力で誕生している。

中ソ友好同盟条約は、国民党に対する共産党の態度にも一定の影響を与えた。蔣介石は日本軍との協力関係を築く一方、日本降伏とともに、共産党との関係調整に乗り出していたが、毛沢東がこれに応じ、八月末に重慶を訪問したからである。毛沢東の重慶来訪は、中ソ友好同盟条約によって孤立感を深めていた共産党の態度軟化の現れとされるが、ここに国共調整のためのプロセスがはじまり、一〇月一〇日には、国共が「双十協定」に合意し、ひとまず国共の内戦は避けられた。国共関係を安定させた国民党は、戦後復興を本格化させるが、その柱が日本人技術者の留用（残留）であった。この留用の背景を理解するため、まず、復員と引揚げの状況を整理しておこう。

復員・引揚げ——送還計画の迷走

終戦時に、日本本土以外に所在していた日本軍人（軍属を含む）は約三五三万人（うち陸軍は三〇八万人）であり、全兵力の四五％にのぼった。これら日本軍人の復員はポツダム宣言第九項（日本国軍隊は完全に武装解除後、各自の家庭に復帰し、平和的かつ生産的生活を営む機会を与えられる）に基づき開始されるが、海外部隊の武装解除と投降の相手先は、公式には連合国軍最高司令官による「指令第一号」（九月二日）で示される。「指令第一号」は、中国、ソ連、豪州、英国、米国の各連合国の管理地域でそれぞれ武装解除と降伏文書の調印を行うよう求めていた。中国の場合は九月九日に南京で岡村派遣軍総司令官と何応欽中国陸軍総司令の間で降伏調印が行われ、一〇〇万を超える日本軍人は帰還までの間、所定の収容所に集結して各種の労務に従事しながら待機した。その間、秩序維持のため軍隊としての指揮系統は維持される。

一方、終戦時に、海外には三五〇万人を超える一般邦人（うち中国四九万、満洲一五五万、台湾三四万、関東州二二万）が在住していたが、一般邦人の引揚げに関する連合国側の包括的な命令がなかったため、日本政府の初期の対応は迷走した。

一〇月に入るとGHQ（連合国軍総司令部）の主導のもとで、朝鮮北部や太平洋諸島からの引揚げに着手されるが、満洲や中国では未だ着手されなかった。中国については、アメリカは早くから日本軍の武装解除と早期帰還を検討し、九月から具体的な送還計画の作成にとりかかっていた。一〇月には武装解除された日本軍将兵と民間人を大都市に集めて送還する計画を策定し、米中間で「日本人送還に関する基本計画」を一〇月下旬に決定し、ようやく一一月に中国からの送還が始る。しかし、米兵の送還を優先するアメリカは、日本人の送還に必要な船舶は不十分で、少ない日本の残存船舶に依存せざるを得ず、また輸送ルートも限られていた。

一〇月二五日には、日本の外交権が停止されたため、日本政府が外交ルートを通じて主体的に引揚げ問題にかかわる余地はなく、米中主導による大規模な送還計画が必要となっていた。こうして四六年一月には新たな送還計画がまとまり、GHQが東アジア全域の送還計画の中心となる体制ができあがる。これに基づき、米軍のLST（大型揚陸艦）、輸送船、病院船が大量に輸送に使用されて、予想以上の速さで送還が進む。

居留民の「現地定住」方針と挫折

終戦当時の日本の人口は、日本人として処遇されていた朝鮮人や台湾人を除いて七二〇〇万人であった。そこに人口の一割弱、軍民あわせて六〇〇万人以上の引揚げ者が加わるとすれば、危機的な食糧難と非農業人口の急増による社会的混乱を招くことが予想された。そこで政府は、敗戦と同時に、原則として海外在留者を「現地定住」させる方針で臨む。八月一四日には東郷茂徳大東亜相（八月二六日に大東亜省は廃止、外務省が業務を引き継ぎ）が中国と東南アジアの公館に、「居留民は出来得る限り定住の方針を執る」と伝達している。八月一五日に上海の土田豊公使が東郷大東亜相に送った電報は、「在留邦人は東亜再興に役立つ限り、残留せしめ今後の復興建設に協力せしめ度き所存」と伝えている（『日本外交文書　太平洋戦争』第三冊）。

この現地定住方針は、国内の人口・食糧問題、住宅問題といった事情のほか、深刻な輸送力不足、長期化が予想された帰還事業など、さまざまな背景と思惑が絡んでいた。八月一五日の蔣介石のラジオ放送（「以徳報怨」）に示されたような、中国側の寛大な対日姿勢も現地定住が奨励される要因であった。さらに、初期の現地定住方針の推進者には、邦人を残留させることで、戦前・戦中の日本の影響力を保持し、「将来に於ける民族発展」に資するという積極的な構想も見られた。たとえば、岡村総司令官が八月一八日付けで起案し、全軍に通達された「和平直後の対支処理要綱」は、現地定住の意義について、「日支間の行懸りを一掃し、極力支那を支援強化し、以て将来に於ける帝国の飛躍と東亜の復興に資す」と述べていた（『現代史資料38　太平洋戦争4』みすず書房、1972）。初期の推進者の一人であった重光葵も、経済建設へ日本が協力することで、大陸での日本の地位を維持し、将来の「提携」関係の設定を託そうとしていた。

こうした想定には、戦前日本が大陸に築いた経済基盤は、軍事的進出の前に、平和的で正常な経済活動を通して確立されたものである、という楽観的な判断が底流をなしていたことも見逃すことはできない。

しかし、日本が過去に培った中国大陸への影響力の大きさから、米中の送還責任者は日本人の長期定住を懸念するようになる。まず、アメリカは、日本敗戦後、中国問題への積極的関与を控えていたが、満洲占領のソ連軍の撤退が確実なものとなる一一月下旬から国民政府への積極的支援に乗り出す。その現れが、一二月のトルーマン大統領による米軍駐留に関するアメリカの中国政策の公表であった。その中核がマーシャル特使派遣による国共調停と中国残留日本人の早期送還であり、いずれも「中国の安定化」というねらいが込められていた。アメリカの懸念は、日本人の多くが中国に残ることで、日本の影響力が維持され、中国の平和的な統一国家建設が脅かされ、ひいては太平洋の平和が危険にさらされることにあった。

また、中国にも国民政府行政院長宋子文のように日本人を中国各地から排除すべきだ、とする主張が少なくなかった。中国にとっても送還の遅延は財政負担を招くことが懸念された。一九四六年一月、国民政府は残留希望の技術者を除く、全居留民を帰還させる訓令を発している。

こうして居留民の現地定住の方針は連合国側には受け容れ困難となって行くが、それ以前に、定住方針は事実上、挫折していた。はやくも八月一八日には、アモイ総領事が重光大東亜相宛に、「(現地)定着を原則とする御方針は充分在留民側に徹底せしめ置きたるも、当地の特殊事情に鑑み今後の一般邦人の生計及事業継続は殆ど不可能」と報告している。八月二三日、南京の谷正之大使は、国共両軍の衝突の危機や、「支那民衆の根強き怨恨」などから現地定住は不可能との見通しを重光に報告しているのである。

「留用」とその波紋

現地定住の方針が事実上挫折し、居留民の早期帰還が大きな流れとなる一方、技術者や医療関係者の「留用」(残留)は国民政府によって強く望まれるようになる。日本資産の接収だけでなく、戦時に日本が建設した産業施設や交通網は日本人によって運用され、彼らの技術力は戦後復興のためには不可欠であった。一〇月の双十協定によって、ひとまず共産党との関係を安定させた国民政府にとって、前述の芷江会談でも、国民党軍は「あらゆる部門の技術者利用を冀求」していた。国民党中央執行委員会秘書長呉鉄城は、「戦勝国になっても強国としての基礎が固まったわけではないので、敵の資産を継承するだけでなく技術人員も受け継ぐこと」を指摘していた。

ここで「留用」とは、終戦後の残留日本人で、自らの意思で、あるいは日中のいずれかから請われて中国にとどまり、様々な分野で活動した技術者や医療関係者、事業者を指す。この留用は現地定住と並んで、日本政府や現地機関では、敗戦の直前から検討されていた。中国現地では、岡村総司令官が各軍に通達した「和平直後の対支処理要綱」（前掲）では、「日支間の行懸りを一掃し、極力支那を支援強化し、以て将来に於ける帝国の飛躍と東亜の復興に資す」ため、事業者、技術者及び企業の残留を奨励し、「誠意を以て支那の復興建設に協力し日支の提携を促進する」と述べていた。

この「対支処理要綱」は八月二一日には、重光大東亜相が現地公館にも伝えているが、「在支居留民は支那側の諒解支援の下に努めて支那大陸に於て活動するを原則」とうたっているように、在留日本人の現地定着ないしは長期残留を前提としながら、留用に積極的に応じるという姿勢であった。しかし、前述のように全居留民の帰還が連合国の大方針となるに及んで、被留用者は絞られていく。

四六年二月、米政府は全ての日本人の引揚げを決定するものの、中国側の強い申し入れによって、七月には、その技術力が必要不可欠であること、過去の行動から見て中国の平和を脅かさないことが証明される日本人技術者に限り残留が許容される。また、全ての日本人技術者が排除され、ソ連やドイツの技術者が代替した場合、同種の問題が生まれることも懸念された。

米国政府は、終戦時の中国には約一六万八〇〇〇人の日本人の高度技術者等が在留していたと算定していた。そのうち中国本土の四万八〇〇〇人は日本人技術者引揚げによる経済困難は限定的なものと予測していたが、それに比べて台湾から二万三〇〇〇人の高度熟練技術者の大部分が引揚げた場合には、台湾経済は麻痺するものと想定されていた。こうした事情を背景に、中国側の要望で、家族を含めて計二万七〇〇〇人余の技術者や医療関係者が台湾に残留した。ただし、送還を急ぐ米国政府による制限が強く働き、台湾における留用は長くは続かず、四七年の二・二八事件による台湾島民と国民党政府との関係の悪化から留用解除は急速に進展した。

大陸における被留用者は、国民政府、共産党の双方に存在したが、一九四九年時点で中国東北（旧満洲）の留用日本人は、一万六七〇〇人余りであった。

良く知られた「留用」技術者の事例として、東北の支配者がソ連、国民党、共産党とめまぐるしく交替するなかで、鞍山製鉄所の再建にあたって技術者と製鉄技術が活用された事実、満洲映画協会（満映）の映画製作技術が東北電影公司（国民党）、東北電影制片廠（東影・共産党）と継承された事実、台湾の烏山頭ダムに結実した灌漑事業に貢献した総督府技官（八田與一）などが知られている。上海では、中国紡織機器制造公司に残り、四八年に中国規格として初の自動織機の製造に貢献した豊田紡織の西川秋次は、四五年一一月、国民政府行政院長宋子文宛の手紙のなかで、こう書いている。

「戦い終わった今日から、報恩の途を考えねばならぬ。我等に今出来る事は紡績の技術を通じて、中国及び中国国民に奉仕することである。それは、我々の先人、豊田佐吉が発明した自動織機の技術を中国国民に教えることである。……豊田の紡績技術を、復興中国に植えつけることによって、両国民間の友好関係が芽生え共存共栄の道が開けることを信ずるからである」（西川田津『西川秋次の思い出』私家版、１９６４）

山西の日本軍

「留用」の変則的な形が山西省における日本軍（第一軍）の残留であった。八月下旬、山西省太原に共産軍に先んじて復帰した国民党系の閻錫山軍は、日本人居留民の保護を約束し、技術者の残留を要請した。日本軍の武器が中共側に渡ることを警戒する点では他の地域と同じであったが、違ったのは、武装解除や武器の引き渡しを日本軍に求めず、武装のまま指揮権まで日本側に認めたことであった。さらに閻錫山は、「居留民の居住はポツダム宣言に規定していないため、このまま残留して差し支えなし」として、日本軍将兵に熱心に残留を要請すると、多くの将兵がこれに応え現地除隊して山西軍に合流した。

国民政府は閻錫山に対し、日本軍将兵の参加志願を制止するよう求めるものの、「山西モンロー主義」と、のちに評されるほどに閻錫山の自主行動は際立っていた。結局、第一軍所属の日本人将兵約二六〇〇名は閻錫山軍と共同して中共軍と戦うため山西省に残留する道を選んだ。そのうち、約一六〇〇名は中共軍による山西省制圧直前の四八年までに帰国したが、一〇〇〇名余はなお山西省に留まって内戦に従事し、中共の支配下で囚われの身となった。

日本軍の幹部は、残留を命令したわけではなかったが、「希望者を敢えて阻止しなかった」という。その理由は、「大陸に一人でも多く残留し、わが海外発展の礎石となり、精神及技術に於いて中国民衆の福利に寄与するは敢えて排斥すべきにあらず。殊に敗戦後の日本国家の状況より見て日本国内に帰還するより却って、有意義」と認めたからであった。敗戦後の日本の正確な情報に乏しかったことも山西残留の一因とされるが、現地定住方針に最も忠実な集団であったのかも知れない。

「以徳報怨」の波紋

四五年八月一五日、蔣介石は抗日戦勝利のラジオ放送において、「我らは一貫して日本人民を敵としないと声明してきた。いまや敵軍は我らと盟軍とのために打倒された。我らは当然厳格に降伏条件を執行せねばならないが、報仇を企図してはならない。ことに敵国無辜の人民を侮辱してはならない」と述べた。このラジオ放送は、「暴を以て暴に報ゆる勿れ」「怨に報いるに徳を以てせよ」といった表現で喧伝され、日本軍人や日本国民に対する寛大な姿勢を示したものとして、敗戦後の日本の対応を深いところで支えた。

さらに、蔣介石の「以徳報怨」演説の背景には、おされ気味であった共産軍との接収争いを制し、戦後復興を軌道に乗せるためには日本の協力が不可欠、という事情があった。つまり、蔣介石演説は、日本側の現地定住や留用を通じた、日中相互復興や「東亜の復興」のための「日中提携」構想にもつながった。

ところで、「勝者」であるはずの中国（国民政府）は、連合国のなかで最も甚大な被害を受けた国であったにもかかわらず、戦犯問題や賠償問題について強硬な姿勢を示すこともなく、連合国の戦後処理における存在感は大きくない。それは、「以徳報怨」演説に示された「寛大政策」によるというより、中国の国際的地位の変化による。

中国の戦犯裁判は、共産党との内戦が深まるなかで早期終結を迫られ、四九年一月の岡村総司令官への無罪判決を最後に中国法廷は閉廷した。数日後に日本人戦犯二五一名が帰国し、巣鴨に移管され内地服役となって管轄権は事実上、中国の手を離れた。五二年の日華平和条約交渉でも、サンフランシスコ講和条約第一一条と同様の「戦犯規定」が国民政府案に挿入されていたが、日本側が裁判管轄権は中国の手を離れており、不要としたため、中国もあっさり削除に応じた。最大の犠牲者をかかえる中国が、第一一条の除外に応じたことは、国際軍事裁判の正当性は失われないまでも、その重みを著しく低下させたということができよう。

賠償問題についても、中国は、すでに戦中から詳細な被害調査を行い、その金額も算定していた。日華平和条約交渉では賠償を求めるものの、サンフランシスコ講和条約において米英が賠償放棄の立場を明らかにしていたことから、自発的に賠償請求権の放棄を日華平和条約議定書で宣言した。つまり、中国は大戦末期には、国連創設に力を尽くすなど戦勝国としての立場の確立に努めたが、内戦のなかで著しくその国際的地位を低下させ、戦犯や賠償問題で責任追及の先鋒に立ち得なかったのである。

一方、日本にとっては、そのことは日中戦争の責任という問題を正面から受け止める機会が失われ、中国との戦争の記憶が国民から遠ざかることを意味したのである。

日中戦争関連年表

一九二八年　六月四日、張作霖爆殺事件。
一二月、蔣介石による北伐終了。
一九三一年　九月一八日、満洲事変。
一二月一三日、犬養毅内閣発足。高橋是清が蔵相に。
一九三二年　一月二八日、第一次上海事変勃発（停戦協定は五月五日）。
三月一日、満洲国建国宣言。
五月一五日、五・一五事件。犬養毅首相が暗殺される。
九月一五日、日本が満洲国を承認。
一〇月二日、リットン報告書公表。
一九三三年　二月、熱河作戦開始。国際連盟、日本の満洲からの撤退勧告案を可決。
三月、日本が国際連盟を脱退。

一九三四年
五月、塘沽停戦協定調印（満洲事変はここに終了）。
一一月、蔣介石が福建人民政府を壊滅。一一月、共産党の根拠地・瑞金も陥落、共産党は「長征」に入る。この時期、中国と満洲国との間で実務協議が進み、日中関係も好転の兆しを見せる。

一九三五年
一月、匿名論文で蔣介石が日中連携の必要性をアピール。広田弘毅外相も中国に対する不脅威・不侵略を唱える。五月、日中が大使交換。
五月二日、親日的な新聞社の社長が天津の日本租界で暗殺される。六月一〇日、梅津・何応欽協定。六月二七日、土肥原・秦徳純協定。
一一月、中国が幣制改革を断行。汪精衛が行政院長兼外交部長を辞任。国民政府内の親日派を頼りにした日本外交は拠り所を失う。上海で、海軍特別陸戦隊の水兵が射殺される。この後、反日感情の高まりによる日本人襲撃事件が相次ぐ。

一九三六年
二月二六日、二・二六事件。高橋是清大蔵大臣暗殺。
五月、支那駐屯軍が兵力を三倍に増強。
一二月、西安事件。張学良が抗日救国を訴え蔣介石を拘禁する。

一九三七年　六月四日、近衛文麿内閣発足。外相は広田弘毅。

七月七日、盧溝橋事件。日中戦争の始まり。

七月一一日、現地停戦協定。ただし、国民政府はこれを認めず。

八月九日、上海の海軍特別陸戦隊の士官と兵士が殺害され（大山事件）、緊張が高まる。一三日より武力衝突開始（第二次上海事変）。日本との武力衝突の進展を受け「国共合作」が進む。

九月二日、「北支事変」から「支那事変」と呼称変更。

九月一一日、南京から全米へのラジオ中継。宋美齢が流暢な英語で日本批判を展開。

一一月中旬、日本軍が上海を制圧。

一一月二〇日、蔣介石が重慶への首都移転を発表（翌年一二月、重慶国民政府発足）。

一二月一三日、南京陥落。南京事件が起こる。

一九三八年　一月一六日、第一次近衛声明。「国民政府を対手とせず」。
八月二二日、大本営が武漢作戦を発動。一〇月二七日には武漢三鎮（武昌、漢口、漢陽）が陥落。
一一月三日、第二次近衛声明。東亜新秩序を提唱して汪精衛との連携を模索。一二月一八日、汪が重慶を脱出。一二月二二日、第三次近衛声明で中国に対して講和を求めるも、蔣介石は拒否。

一九三九年 一月、国民党は第五期第五回中央委員会を開催し、党・政府・軍の指導を一元化する国防最高委員会を設置。委員長には蔣介石が就任（発足は二月二七日）。

一九四〇年 三月三〇日、南京で中華民国国民政府発足。主席は汪精衛。
九月二七日、日独伊三国同盟締結。
一一月三〇日、汪政権との間で日華基本条約締結。

一九四一年 一一月二六日、米国政府、ハル・ノートを通告。
一二月八日、日本が対英米蘭戦争を開始。翌九日、重慶国民政府が対日宣戦布告。

一九四二年 一月、汪政権が対米英宣戦布告。

一九四三年 一〇月、汪政権との間に日華同盟条約締結.

一九四四年　一一月、カイロ会談。米英中首脳がカイロ宣言発表。
一九四五年　一一月一〇日、汪精衛が名古屋にて死去。
七月二六日、ポツダム宣言発表。
八月六日、広島に原爆投下。九日、長崎にも。
八月九日、ソ連参戦。
八月一五日、終戦の玉音放送。
九月九日、支那派遣軍、降伏文書に調印。
一九四九年　一〇月一日、中華人民共和国建国。
一九五一年　九月八日、サンフランシスコ講和条約署名（五二年四月二八日発効）。
一九五二年　四月二八日、日華平和条約署名（八月五日発効）。

参考文献

第一章

家近亮子『蔣介石と南京国民政府』慶應義塾大学出版会、二〇〇二年
井上寿一『危機のなかの協調外交』山川出版社、一九九四年
臼井勝美『満州事変―戦争と外交と』中公新書、一九七四年
臼井勝美『満洲国と国際連盟』吉川弘文館、一九九五年
加藤陽子『満州事変から日中戦争へ（シリーズ日本近現代史⑤）』岩波新書、二〇〇七年
北岡伸一・歩平編『「日中歴史共同研究」報告書』第2巻（近現代史篇）、勉誠出版、二〇一四年
酒井哲哉『大正デモクラシー体制の崩壊』東京大学出版会、一九九二年
クリストファー・ソーン（市川洋一訳）『満州事変とは何だったのか』草思社、一九九四年
中村勝範編『満州事変の衝撃』勁草書房、一九九六年
日本国際政治学会太平洋戦争原因研究部編『太平洋戦争への道』第2巻、朝日新聞社、一九六二年

第二章

家近亮子『蔣介石の外交戦略と日中戦争』岩波書店、二〇一二年
臼井勝美『日中外交史研究―昭和前期』吉川弘文館、一九九八年

臼井勝美『新版　日中戦争―和平か戦線拡大か』中公新書、二〇〇〇年
内田尚孝『華北事変の研究』汲古書院、二〇〇六年
軍事史学会編『日中戦争の諸相』錦正社、一九九七年
日本国際政治学会太平洋戦争原因研究部編『太平洋戦争への道』第3巻、朝日新聞社、一九六二年
秦郁彦『盧溝橋事件の研究』東京大学出版会、一九九六年
光田剛『中国国民政府期の華北政治　1928-37年』御茶の水書房、二〇〇七年
安井三吉『柳条湖事件から盧溝橋事件へ』研文出版、二〇〇三年
鹿錫俊『中国国民政府の対日政策　1931-1933』東京大学出版会、二〇〇一年

第三章

臼井勝美『新版　日中戦争―和平か戦線拡大か』中公新書、二〇〇〇年
防衛庁防衛研修所戦史室『戦史叢書　中國方面海軍作戦〈1〉』朝雲新聞社、一九七四年
防衛庁防衛研修所戦史室『戦史叢書　支那事変陸軍作戦〈1〉』朝雲新聞社、一九七五年
岩谷將「盧溝橋事件」筒井清忠編『昭和史講義』ちくま新書、二〇一五年
岩谷將「1930年代半ばにおける中国の国内情勢判断と対日戦略」『戦史研究年報』第13号、二〇一〇年三月
楊天石（陳群元訳）「1937、中国軍対日作戦の第一年」波多野澄雄・戸部良一編『日中戦争の軍事

的展開』慶應義塾大学出版会、二〇〇六年
家近亮子『蔣介石の外交戦略と日中戦争』岩波書店、二〇一二年
笠原十九司「国民政府軍の構造と作戦」中央大学人文科学研究所編『民国後期中国国民党政権の研究』中央大学出版部、二〇〇五年
北岡伸一・歩平編『「日中歴史共同研究」報告書』第2巻（近現代史篇）勉誠出版、二〇一四年
原剛「日中戦争における戦いの特性」『軍事史学』第53巻第2号、二〇一七年九月

第四章

家近亮子『蔣介石の外交戦略と日中戦争』岩波書店、二〇一二年
石塚迅・中村元哉・山本真編著『憲政と近現代中国―国家、社会、個人―』現代人文社、二〇一〇年
岩谷將「日中戦争拡大過程の再検証」『軍事史学』第53巻第2号、二〇一七年九月
石島紀之・久保亨編著『重慶国民政府史の研究』東京大学出版会、二〇〇四年
貴志俊彦・川島真・孫安石編『増補改訂　戦争・ラジオ・記憶』勉誠出版、二〇一五年
久保亨『社会主義への挑戦　1945-1971』（シリーズ中国近現代史④）岩波新書、二〇一一年
笹川裕史・奥村哲『銃後の中国社会―日中戦争下の総動員と農村』岩波書店、二〇〇七年
田嶋信雄『ナチス・ドイツと中国国民政府　1933-1937』東京大学出版会、二〇一三年
野村浩一・近藤邦康・砂山幸雄責任編集『新編原典中国近代思想史6　救国と民主』岩波書店、二〇一

一年
劉傑・川島真編著『対立と共存の歴史認識―日中関係150年』東京大学出版会、二〇一三年

第五章

高橋勝浩「日中開戦後の日本の対米宣伝政策―『正義日本』の宣明から文化事業へ―」服部龍二ほか編著『戦間期の東アジア国際政治』中央大学出版部、二〇〇七年
熱田見子「日中戦争初期における対外宣伝活動」『法学政治学論究』第42号、一九九九年九月
中田崇「日中戦争期における中国国民党の対外宣伝活動（Ⅰ）・（Ⅱ）」『政治経済史学』二〇〇二年六・七月号
馬暁華「『アメリカの世紀』と中国―大戦期タイム社の中国報道を通じて」油井大三郎・遠藤泰生編『浸透するアメリカ、拒まれるアメリカ』東京大学出版会、二〇〇三年
白山眞理『〈報道写真〉と戦争　1930―1960』吉川弘文館、二〇一四年
小柳次一・石川保昌『従軍カメラマンの戦争』新潮社、一九九三年
馬淵逸雄『報道戦線』改造社、一九四一年
小松孝彰『戦争と思想宣伝戦』春秋社、一九三九年
小山栄三『戦時宣伝論』三省堂、一九四二年

第六章
伊香俊哉『満州事変から日中全面戦争へ』吉川弘文館、二〇〇七年
川島真「日中戦争と華僑送金―『傀儡』政権の存在意義」『国際社会科学』第65輯、二〇一五年
菊池一隆『戦争と華僑　続編』汲古書院、二〇一八年
佐藤卓己『ファシスト的公共性―総力戦体制のメディア学』岩波書店、二〇一八年
塚瀬進『満洲国―「民族協和」の実像』吉川弘文館、一九九八年
中見立夫『「満蒙問題」の歴史的構図』東京大学出版会、二〇一三年
野村浩一・近藤邦康・砂山幸雄責任編集『新編原典中国近代思想史6　救国と民主』岩波書店、二〇一一年
山室信一『キメラ―満洲国の肖像』中公新書、二〇〇四年
山本有造『「大東亜共栄圏」経済史研究』名古屋大学出版会、二〇一一年
劉傑『漢奸裁判―対日協力者を襲った運命』中公新書、二〇〇〇年

第七章
三谷太一郎『ウォール・ストリートと極東』東京大学出版会、二〇〇九年
加藤陽子『それでも、日本人は「戦争」を選んだ』新潮文庫、二〇一六年
安達誠司『脱デフレの歴史分析』藤原書店、二〇〇六年

松浦正孝『日中戦争期における経済と政治―近衛文麿と池田成彬』東京大学出版会、一九九五年

第八章

外務省編刊『日本外交文書　日米交渉上・下』、一九九〇年
臼井勝美『新版　日中戦争―和平か戦線拡大か』中公新書、二〇〇〇年
塩崎弘明『日英米戦争の岐路―太平洋の宥和をめぐる政戦略』山川出版社、一九八四年
入江昭（篠原初枝訳）『太平洋戦争の起源』東京大学出版会、一九九一年
臼井勝美『日中外交史研究―昭和前期』吉川弘文館、一九九八年
鹿錫俊『蔣介石の「国際的解決」戦略：1937-1941』東方書店、二〇一六年
松浦正孝『日中戦争期における経済と政治―近衛文麿と池田成彬』東京大学出版会、一九九五年
笠原十九司『日中戦争全史　上・下』高文研、二〇一七年

第九章

川島真・毛里和子『グローバル中国への道程―外交150年』岩波書店、二〇〇九年
西村成雄編『中国外交と国連の成立』法律文化社、二〇〇四年

第一〇章

参考文献

臼井勝美・稲葉正夫編『現代史資料38　太平洋戦争4』みすず書房、一九七二年
外務省編刊『日本外交文書　太平洋戦争』全三冊、二〇一〇年
加藤聖文「大日本帝国の崩壊と残留日本人引揚問題」増田弘編著『大日本帝国の崩壊と引揚・復員』慶應義塾大学出版会、二〇一二年
門間理良「利用された敗者――日本軍武装解除をめぐる国共両党のかけひき」波多野澄雄・戸部良一編『日中戦争の軍事的展開』慶應義塾大学出版会、二〇〇六年
楊大慶「中国に留まる日本人技術者」劉傑、川島真編『1945年の歴史認識――〈終戦〉をめぐる日中対話の試み』東京大学出版会、二〇〇九年

波多野澄雄　筑波大学名誉教授
戸部良一　帝京大学教授
松元崇　元内閣府事務次官
庄司潤一郎　防衛研究所研究幹事
川島真　東京大学教授

Ⓢ新潮新書
788

決定版《けっていばん》　日中戦争《にっちゅうせんそう》

著　者　波多野澄雄《はたのすみお》　戸部良一《とべりょういち》
松元崇《まつもとたかし》　庄司潤一郎《しょうじじゅんいちろう》
川島真《かわしましん》

2018年11月20日　発行

発行者　佐藤隆信

発行所　株式会社新潮社

〒162-8711　東京都新宿区矢来町71番地
編集部(03)3266-5430　読者係(03)3266-5111
https://www.shinchosha.co.jp

印刷所　錦明印刷株式会社

製本所　錦明印刷株式会社

ISBN978-4-10-610788-7　C0221

価格はカバーに表示してあります。